삼 ｜ 국 ｜ 유 ｜ 사 ｜ 그 ｜ 다 ｜ 양 ｜ 한 ｜ 스 ｜ 펙 ｜ 트 ｜ 럼

삼국유사

그 다양한 스펙트럼

김대식 편저

대원사

10년 넘게 『삼국유사』를 읽고 있다. 한문 실력이 신통치 않아서 번역본 신세를 많이 지고 있는데 아직 '결정판'이라고 할 번역이 없는 게 아쉽다. 그래서 읽을 만하다고 생각되는 번역으로 이것저것 섞어서 읽기도 한다. 『삼국유사』를 전공하지도 않은 터에 이렇게 번역 타령을 하는 것이 주제넘지만 아쉬운 것은 아쉬운 것이다.

나는 서울대학교 문리대 외교학과라는 데를 졸업했다. 문리대는 학문적 분위기가 매우 개방적이어서 전공과 관계없이 다양한 강의를 들을 수 있는 곳이었다. 그 덕에 전공인 국제정치학 말고도 다른 분야, 특히 한국학 관련 강의를 제법 들었다. 그 무렵, 우리나라 최고의 고전 『삼국유사』를 한번 읽어보겠다고 시도해 본 적이 있었는데, 거기 실린 이야기들이 하나같이 황당하다는 느낌이 들어서 끝까지 읽어낼 수가 없었다. 이른바 서구식 '합리주의'의 세례를 받았던 탓인지, 그것과는 전혀 코드를 달리하는 『삼국유사』의, 예컨대 괴怪, 력力, 난亂, 신神 같은 개념을 이

해할 수 없었던 것이다.

대학을 졸업한 후 오랫동안 『삼국유사』를 잊고 지내다가 나이 마흔을 훌쩍 넘긴 1990년대 중반 어느 날, 심심파적으로 『삼국유사』를 집어든 적이 있었다. 아무 데나 펼쳐서 몇 페이지를 읽다보니 생각 밖으로 재미가 있었다. 나이가 든 탓이었던지 괴, 력, 난, 신에 대한 거부감도 느껴지지 않았다. IMF 사태로 세상이 한참 어지러울 때였는데 나는 『삼국유사』 읽는 재미로 그 난국을 넘겼다고 할 수 있을 정도로 『삼국유사』에 몰입되어 있었다.

그러다가 『삼국유사』를 본격적으로 읽게 된 계기가 생겼는데, 90년대 후반 경주에 내려가 방을 얻어 지내게 되었던 것이다. 『삼국유사』를 읽기 위해서가 아니라, 경주 남산의 불상들을 사진 찍기 위해 그랬던 것이었지만 3년 가까이 경주에서 지내면서 나는 『삼국유사』를 새로운 방식으로 읽기도 했다. 그냥 책만 읽는 게 아니라, 책을 읽고는 바로 경주 일원에 흩어져 있는 『삼국유사』의 현장을 찾아 나섰던 것이다. 대부분 폐허로 남아 있는 현장을 찾아가 보면 『삼국유사』 책이 말해 주지 못하는 어떤 분위기 같은 것도 느낄 수 있었다. 그렇게 『삼국유사』를 읽는 또 다른 방법을 알게 되면서 나의 『삼국유사』 읽기는 전국 곳곳의 『삼국유사』 현장을 찾는 것으로까지 확대되었고 그 순례는 지금까지도 계속되고 있다.

근래 나는 『삼국유사』를 잘 읽는 또 다른 방법을 발견했다. 『삼국유사』를 연구한 선학先學들의 글을 찾아 읽는 것이 그것이다. 『삼국유사』 관련 문헌들 중에는 국학 분야의 기라성 같은 석학, 대가들이 『삼국유사」의 숨은 뜻을 찾아낸 글들이 적지 않다. 그것들을 찾아 모으면서 읽다보니 『삼국유사』 기사 중의 문장 하나 또는 글자 한 자를 고구考究하느라 들였던 공功을 새삼 느낄 수 있어 『삼국유사』 읽기의 깊이가 더해지기도 한다. 그런 글들을 읽으면서 나는 늘 황송하고 감사한다. 이 책이 많은 부분 그런 글들에 신세지고 있음을 밝히지 않을 수 없다.

이런저런 인연으로 『삼국유사』에 흠뻑 빠진 나는 마침내 『삼국유사』에 관한 책을 엮기에까지 이르렀다. 그동안 모아온 『삼국유사』 관련 자료들을 정리하던 어느 날, 문득 그것들을 한번 엮어보는 것이 어떨까 하는 생각이 들었던 것이다. 내가 읽어왔던 바, 『삼국유사』는 매우 다양한 면모를 지닌 책이었다. 그것은 우리의 신화집이며 미술사 텍스트이자 문학사의 텍스트이며, 역사적 민속지이기도 했다. 또한 불교서로서 한국불교전래사, 한국고승전, 불교신앙사례집이기도 하고 역사책으로서도 『삼국사기』가 가지지 못한, 조동일 교수의 표현을 따르자면 '대안적인 사서史書'의 면모도 지니고 있다. 내가 이 책의 제목에 굳이 스펙트럼이라는 말을 넣은 것도 바로 『삼국유사』가 갖고 있는 이처럼 다양한 면모 때문이라고 말할 수 있다.

"왜 『삼국유사』를 읽는가?"에 대해서 얘기를 하지 않은 것 같다. 여기에 관해서는 5년 전에 펴냈던, 나의 삼국유사 사진기행집 『처용이 있는 풍경』 서문 중의 한 대목을 끌어와 보기로 한다.

"우리가 『삼국유사』를 읽음으로써 가 닿게 되는 그곳. 그곳은 연어들이 수만 리 바닷길을 헤어가서 회귀하는 모천母川 같은 데가 아닐까? 그것들이 산란과 함께 아마도 수만 년을 전해 내려왔을 자기네의 집단 기억, 혼魂이라고 부를 수 있는 그런 것까지도 묻는 곳, 그리하여 종족의 혼이 오롯이 묻혀 있는 곳. 우리에게는 『삼국유사』가 바로 거기에 해당할 것이다.”

이렇게 얘기하다 보니 『삼국유사』를 읽는다는 것이 역사를 되짚으면서 우리 민족의 근원이자 성소聖所라고 부를 수 있는 저 깊은 곳으로 향하는 유영遊泳이 아닐까 하는 생각도 든다.

대원사와는 인연이 있다. 5년 전에 『삼국유사 사진기행 — 처용이 있는 풍경』이라는 책을 내고는 잊고 지내다가 이번에 다시 책을 낼 욕심으로 문을 두드렸더니 흔쾌히 출판을 맡아 주었다. 감사드린다.

2007년 10월
편저자 김대식 씀

삼국유사의 다양한 스펙트럼

일연과 그 시대

■ 일러두기
1. 이 책에서 인용한 『삼국유사』 귀절들은 모두 사서연역회史書衍譯會 번역본(고려문화사, 1946)에서 따왔
   다.
2. 인용문의 표기는 현재의 한글맞춤법에 맞지 않더라도 고어투를 그대로 살렸다. 단, 띄어쓰기와 문장부
   호는 현행 한글맞춤법에 따라 고쳐 표기했다.

삼국유사라는 책

왜 삼국유사인가

2000년대 초반, 매주 토요일 밤에 MBC 문화방송에서 방영하는 '느낌표' 라는 프로그램이 있었다. 그 프로그램에는 '책!책!책! 책을 읽읍시다' 라는 코너가 있어서 4주에 한 번씩 프로그램 담당자들이 책 한 권을 선정하여 소개했다. '느낌표' 측은 그 코너에서 소개할 책이 선정되면, 프로그램이 방영되기 전에 해당 출판사에 미리 기별을 해 주었던 모양이다. 그 내용인즉, "책 표지에 '느낌표 선정도서' 라는 마크를 인쇄하고, 출판 부수는 최소 몇만 부로 준비해 줄 것"이었다고 한다. 말하자면 출판사로 하여금 '느낌표' 방영에 대비하게 했던 것이었다. 그러고 나서 '느낌표' 프로그램에서는 인기 연예인들을 내세워 새로 선정된 책을 4주간 집중적으로 선전해 주었다. 이러니 책은 대번 베스트셀러가 될 수밖에 없었고, 그 책을 펴낸 출판사는 돈방석 위에 올라앉기 마련이었다. 그래서 '느낌표' 프로그램은 출판계의 로또 복권이라고 불리기도 했다.

당시 '느낌표 선정도서'로 선정된 책들의 면면을 살펴보면, 『무량수전 배흘림기둥에 기대서서』라든가 『백범일지』 같은 교양물이 간간이 끼기도 했지만, 대개는 국내 인기작가의 소설이나 시, 에세이집 등 가벼운 읽을거리가 주류를 이루고 있었다. 그랬는데 2002년 12월, 열두 번째 느낌표 선정도서에 『삼국유사』가 뽑히게 되었다. 이 사실은 나에게 느닷없는 소식으로 다가왔다. 『삼국유사』라는 무거운 책이 가벼운 프로그램에 등장하여 대중적인 각광을 받게 된 점이 느닷없었던 것이다. 점차 시간이 흐르면서 또 다시 놀라운 소문이 들려왔다. 그렇게 선정된 특정 출판사의 『삼국유사』가 1년도 못되는 사이에 수십만 부가 판매되어 베스트셀러 반열에 오르고, 그 후로도 매년 지속적으로 판매되면서 스테디셀러로 자리를 잡았다는 것이다.

『삼국유사』를 알고 아끼는 사람들에게는 참으로 반가운 소식이었겠지만, 나로서는 마냥 반갑지만은 않은 소식이었다. 이유는 텔레비전 같은 위력 있는 대중매체가 『삼국유사』를 '선정도서'로 일반 국민들에게 소개하려면 나름대로 미리 고민했어야 할 대목이 있었기 때문이다. 그것은 다름 아니라 시중에 나와 있는 여러 종류의 『삼국유사』 번역본 중에 어느 것을 선택해야 하는가 하는 문제였다. 유감스럽게도 우리나라의 첫째가는 고전인 『삼국유사』에는 결정판이라고 할 만한 번역본이 아직 없다. 이런 상황에서 어떤 번역본을 '선정도서'로 뽑는가 하는 것은 매우 중요한 문제가 아닐 수 없었다. 그런데 '느낌표' 측에서는 그런 고민도 없이 특정 출판사의 『삼국유사』를 '선정도서'로 뽑았던 것 같았다.

그렇다면 달리 어떻게 해야 했을까? 내 개인적인 생각으로는 『삼국유사』라는 책명만 '선정도서'로 뽑아 놓고, 괜찮게 번역이 되었다고 평가받는 『삼국유사』를 복수複數로 추천함으로써, 시청자들이 서점에 가서 책을 직접 고르도록 하는 것도 한 가지 방법이 될 수 있지 않았을까 싶다.

이와 관련된 일화가 하나 있다. 2003년 초 '느낌표' 측에서 동화작가 권정생의 책을 '선정도서'로 삼으려고 그 작가에게 연락했을 때 작가는, "아이들이 자라면서 가장 행복한 경험 가운데 하나가 책방에서 자기 손으로 책을 고르는 일인데, 왜 그런 행복한 경험을 텔레비전이 없애려는 거냐"고 항의를 하여 그 책을 '선정도서'로 삼지 못했다고 한다. 나는 "자기 손으로 책을 고르는 일이 행복한 경험"이라는 데 동의하는 편이다. 그래서 '느낌표' 측이 『삼국유사』라는 책을 추천만 하고, 번역본에 관한 여러 정보들을 시청자에게 전해 주는 것으로 자신들의 역할을 한정하는 것도 한 가지 방법일 수 있었다는 것이다. 『삼국유사』의 경우, 현재 국내에서 유통되는 10여 종의 번역본 가운데 어느 한 권을 자기 손으로 고르는 일은 '행복한 경험'이라기보다 고역이 되기 십상이겠지만, 그래도 독자들은 '느낌표' 측에 고마움을 느끼면서 여러 번역본 중에서 자기 취향에 맞는 『삼국유사』를 고르지 않았을까?

이런 불만에도 불구하고 나는 '느낌표' 담당자들이 엄청난 일을 했다고 본다. 아마 당시 '느낌표' 담당자들은 『삼국유사』와 관련하여 자신들이 했던 일이 어떤 역사적 의미를 가지는지 몰랐던 것으로 보인다. 단도직입으로 말하자면, '느낌표' 측은 7백 년이 넘는 『삼국유사』 역사에서 『삼국유사』의 존재를 가장 널리 알렸던 것이다. 일연에 의해 『삼국유사』가 기술된 이후 『삼국유사』가 그토록 알려졌던 적은 일찍이 없었다. 그런 점에서 MBC 문화방송 '느낌표'의 '책!책!책! 책을 읽읍시다' 코너는 일반 대중에게 『삼국유사』를 소개하고, 이를 통해 한 출판사의 『삼국유사』가 수십만 부나 판매되고, 결국 스테디셀러로 자리잡았다는 점에서

『삼국유사』 역사상 초유의 사건으로 기록되어야 할 것이다.

『삼국유사』가 MBC 문화방송 '느낌표' 프로그램으로 전파를 탄 지 3년이 지난 2005년 10월, 이번에는 서울대학교에서 선정한 '서울대 학생들을 위한 권장도서 100권'에 『삼국유사』가 포함되었다. 서울대학교 측에서는 '권장도서 100권'을 선정한 뒤에 고전 읽기 활성화를 위한 후속 조치로 『권장도서 해제집』도 발간했다. '권장도서 100권'의 내용을 살펴보면 제1부 한국문학, 제2부 외국문학, 제3부 동양사상, 제4부 서양사상, 제5부 과학기술 등 5부로 나누어져 있다. 『권장도서 해제집』에서는 권장도서 100권의 선정 취지를 다음과 같이 말하고 있다.

권장도서 100권에는 문학과 철학을 위시하여 과학과 예술에 이르기까지 인간을 이해하고 성찰하는 데 기본이 되는 여러 분야들의 고전들이 포함되어 있다. (중략) 고전은 다양한 삶의 코드들이 압축되어 있는 일종의 압축 파일이다. 그렇기 때문에 고전을 읽는 일은 압축 파일을 풀어내는 것과 같은 것으로써 풀어낸 내용을 현재나 미래와의 대화로 만드는 것이 중요한 과제가 된다. '무엇을' 읽는가의 문제가 '어떻게' 읽는가의 문제와 연결되는 것도 바로 이러한 맥락에서이다. 고전은 과거를 불러내서 현재와 대면시키고 다가올 미래를 준비하는 대화의 장이기도 하지만, 세대들 사이의 진솔하고도 활발한 대화가 이루어지는 무대이기도 하다. 고전에 담겨져 있는 메시지를 수동적으로 읽어 내는 차원에 머무는 것이 아니라 고전에 새로운 의미를 부여함으로써 삶의 역동적인 무늬를 연출해 내는 것은 젊은 세대들의 특권이자 젊은 세대들에게 거는 사회의 희망이기도 하다.

이 『권장도서 해제집』의 제3부 동양사상 중에는 『삼국유사』가 첫머리에 뽑혀 있는데, 『삼국유사』 해제 중에서 『삼국유사』의 가치를 논한 부분을 옮겨 본다.

『삼국유사』의 불교사 인식에서도 고려가 오래 전부터 불교와 인연이 깊은 땅이라는 것을 강조함으로써 몽골보다 문화적으로 우월하다는 것을 확인하고, 불교적인 영험담을 통하여 혼란한 민심에 강렬하고 건전한 신앙심을 고취시키려는 문화적인 저항의식이 나타난다. 불교와 인연이 깊은 땅이기에 부처의 힘으로 지켜져야 하고, 부처가 오래 전부터 머무는 곳이기에 마땅히 수호되어야 한다는 일연의 역사의식은 문화적인 공동체로서의 긍지와 자주정신을 고취하고자 하는 데 그 뜻이 있었다.

따라서 일연의 호국불교사상은 정치세력과 결탁한 권력 강화의 수단이 되었던 국가불교와는 그 의미를 달리하는 것이다. 『삼국유사』에서 국가불교, 귀족불교에 대한 강한 비판의식을 보여 주고 있는 점도 이와 궤를 같이한다. 정치권력과 결탁하여 세속적인 명리에 집착하거나 취처하고 사치를 일삼는 부도덕한 승려들에 대해서는 강렬하게 비판하는 한편, 권력과 등진 은일고사들의 행적은 열심히 채록하여 아름다운 일화로서 오늘에 전해 주고 있다.

특히 일반 서민과 노비들의 신앙 사례 등에 따뜻한 애정의 눈길을 기울여 노비들의 출가수행 사례와 극락왕생 설화를 여러 곳에서 찾아볼 수 있다. 이는 불교신앙의 중심과제가 중생의 구제임을 분명하게 나타내는 저자의 사회의식의 발로이며, 무신정권의 전횡과 이민족의 침입으로 고통받고 있는 중생들에 대한 승려인 저자의 자비심에 바탕을 둔 불교적 공동체 정신의 산물이라고 할 수 있다.

(중략)

단군신화를 비롯하여 수많은 설화들은 한국 문화의 기원과 사유형태를 전
해 주는 귀중한 자료들이며, 향가를 비롯한 고대의 시가들은 고대인의 사
유방식이나 생활 감정을 다양하고 생생한 모습으로 전해 주는 소중한 자료
로, 오늘을 사는 우리들로 하여금 한국 문화의 뿌리를 찾아 정체성을 확인
할 수 있게 해 준다.

여러 종류의 번역본들

『삼국유사』이 좋은 번역본을 고르는 일은 그리 간단한 문제가 아니다. 여기에 대해서는 우리나라 고전 번역의 실정에 대해 꾸준한 관심을 보이면서 특집을 계속 내보내고 있는 〈교수신문〉의 기사가 참고될 수 있다.

2005년 6월 20일자 〈교수신문〉에 따르면 한국사, 국어학, 국문학, 불교사, 한국 사상, 고고학, 신화학 등을 전공한 교수 31인에게 『삼국유사』 번역본에 대한 추천과 평가를 의뢰한 결과, 대부분 "만족할 만한 번역서가 아직 없다."거나 "오역이 많다."는 의견을 보내 왔다고 한다. 그런 와중에도 대학생들에게 추천할 만하다고 꼽힌 번역본들이 있었는데, 그 번역본들과 추천인 수를 순서대로 옮겨 보면 이렇다. 한학자이자 역사학자인 전前 부산대 교수 이재호의 번역본이 12명, 북한의 리상호 번역본이 8명, 한국정신문화연구원(현 한국학중앙연구원) 명예교수 강인구 외 4명의 연구자가 공동 작업한 『역주 삼국유사』가 6명, 고려대 명예 교수 이동환의 번역본이 5명, 건양대 교수 김원중의 번역본이 4명 등이 었다. 이들 번역본에 대한 추천 이유는 다음과 같다.

이재호 번역은 "한문 실력이 뛰어나며, 원문에 대한 이해도가 높다.", "문장이 현대적이다.", "학술적인 면은 부족하지만, 『삼국유사』 전체를 이해하는 데 있어 가장 쉽고 부담 없다.", "원문과 함께 각주를 달아 전통적인 번역 원칙을 고수했다.", "부록에 균여전이 포함돼 있다." 등이 주된 이유다.

리상호 번역은 "우리말이 맛깔스럽게 살아 있다."는 건 누구나 인정하고 있으며, 의역과 구어체 투 또한 특징으로 꼽았다. "누락된 구절들이 몇몇 있다."라는 지적도 있지만, 문제는 역시 오역인데 종교에 선입견이 있는 북한의 번역본이라 "불교적인 용어나 구절을 제대로 번역 않고 얼버무렸다." 라는 것이다.

강인구 외 4명의 번역은 총 5권으로 분량이 방대할 뿐만 아니라 3천여 편의 연구논문을 반영해 교감하고, 주를 상세히 달아 '전문가용'으로 평가되고 있다. 추천인들은 "오역이 가장 적다.", "불교용어 번역이 좀더 전문화됐다."라며 '깊이 있는 이해'를 원하는 학부생들에게 권한다고 밝혔다. "삼국유사에 담겨진 모든 자구와 문장의 뜻이 바르고 정확하게 해석됐다."고 두루 인정받는 이 번역을 두고 전문가들은 "향후 이 연구 성과를 반영해 좀더 유려한 문장으로 다듬은 번역서가 나왔으면 한다."라고 주문하기도 했다.

이동환의 번역은 "문장이 쉽고 내용이 평이하게 풀이됐다."는 게 가장 큰 장점으로, "『삼국유사』는 향가 번역이 중요한데, 이 부분 번역이 특히 뛰어나다. 이 번역본은 그동안 대중적으로 가장 널리 읽혀 온 것 중 하나인데,

누락된 부분들도 있다."는 게 아쉽다고 전문가들은 말한다.

김원중의 번역은 "해제, 각주, 원문, 색인 등 전통적인 번역 원칙을 따랐다.", "참조자료가 방대하다.", "빗나간 해석이 거의 없다."라고 평가되고 있다.

그러나 현존하는 『삼국유사』 번역본 중에는 번역의 측면에서 문제점이 있는 경우가 적지 않은데 〈교수신문〉의 조사에서 가장 많은 추천을 받았던 이재호는 『삼국유사』 번역에서 드러난 오역의 심각성을 다음과 같이 지적하고 있다.

『삼국유사』는 전기체傳記體로 꾸며진 기사본말체紀事本末體의 역사기록으로 원전이 난삽할 뿐만 아니라 인용자료가 중국 측 기록보다는 우리나라의 옛날 기록을 많이 이용했기 때문에 기록을 검증하는 작업이 자연히 어려울 수밖에 없다. 이런 이유로 이 책의 초창기 번역본에는 무수한 오역들이 발견된다. 지난 1957년에 발간된 『역주 삼국유사』(이병도, 동국문화사)에는 오역이 무려 3백70여 곳이나 나왔고 북한이 발간한 『삼국유사』(고전연구원 펴냄, 1959)에도 상당한 오역을 발견할 수 있다. 필자는 1967년에 우리의 귀중한 역사서적을 오역 속에 방치할 수 없다는 심정으로 몇 해 동안 각고의 노력 끝에 『삼국유사』를 상·하 두 권으로 번역·출간한 바 있다. 현재 국내에 유통되고 있는 『삼국유사』 번역본은 대개 10여 종에 달한다. 이 중에서 우선 필자의 출판물보다 먼저 간행된 이병도 박사와 북한 고전연구원의 『삼국유사』가 저지른 오역의 실태를 살펴보면 대표적으로 다음과 같은 것들이 있다.

진덕여왕이 당나라 고종에게 바친 "통천숭우시 이물체함장統天崇雨施 理物

體含章"(「기이」편, 〈진덕왕〉조)이라는 시구를 이병도 역주본은 "하늘을 통령하매 고귀한 비가 내리고 만물을 다스리매 물체마다 광채를 머금었다."(277쪽)고 번역하였고, 북한 고전연구원은 "하늘을 대신하여 베푼 은혜 장할시고, 만물을 다스려서 저마끔 빛을 내다."(129쪽)라고 번역하였다. 이것은 모두 '우시雨施'와 '함장含章'의 출전을 모르기 때문에 생긴 오역이다. (중략) 즉, '우시'는 『역경』 권1 「건괘 상전乾卦 象傳」의 "운행우시 품물유행雲行雨施 品物流行"에서 나왔고, '함장'이란 글귀 또한 『역경』 권2 「곤괘 육삼 효사坤卦 六三 爻辭」의 "함장가정 혹종왕사 무성유종含章可貞 或從王事 无成有終"에서 나왔는데 '우시'는 대자연의 작용을 이른 말이고 '함장'은 미덕을 속에 함축한다는 말이니 곧 지도地道 또는 지덕地德을 이른 말이다. 다시 말해 "세상을 대자연처럼 통치하고 만물을 땅처럼 포용한다."는 것이 이 시구의 올바른 번역이다.

(중략)

또 「기이」편 제2권 「가락국기」의 "이기월이십일 자시금양以其月二十日 資始金陽"이라는 글귀 중 '금양金陽'은 '금탕金湯'의 오기誤記며 '금탕'이 성곽城郭인 줄 모르고 "그달 20일에 금양에서 시작하여"(이병도, 286쪽)라고 번역하고 있으니 이런 번역은 '금양'을 지명인지 방위인지를 분별하지 못하게 만드는 모호한 표현이다. 북한 고전연구원의 경우는 수로왕이 별세한 광경을 기록한 기사 중 "국중지인 약망천지國中之人 若亡天只"라는 글귀를 "전국 인민들이 하늘이 무너진 듯 슬퍼했다."(271쪽)라고 번역했다. 이 번역도 '천지天只'라는 글귀가 부모의 대명사로 쓰인 『시경』의 출전을 몰랐기 때문에 "나라 사람들이 마치 부모를 잃은 듯이 슬퍼했다."는 말을 "하늘이 무너진 듯이 슬퍼했다."고 오역한 것이다. 이 밖에 원문에서 잘못 쓴 글자를 바로 고치지 않고 번역한 것들도 적지 않다. 「감통」편 〈광덕·엄장〉조의 "장암

서남악 대종역경莊庵栖南岳 大種力耕"이라는 구절을 "엄장은 남악에 암자를 짓고 거기에 거하여 광작으로 전경에 힘썼다."(이병도, 435쪽), "엄장은 남악에 암자를 짓고 농사를 큰 규모로 부지런히 하였다."(북한 고전 연구원, 519쪽)로 번역한 것이 그것이다. (중략) 이런 번역들은 잘못 쓴 글자를 고증도 하지 않고서 그대로 오역한 대표적인 실례다. 산골에서 어찌 농사를 광작으로 또는 큰 규모로 지을 수 있겠는가. 그러므로 이 구절의 '대종역경 大種力耕'은 '화종도경火種刀耕'으로 정정訂正하여 숲의 나무를 베어 내고 불살라 경작했다는 화전의 의미로 번역해야만 한다. 이와 함께 상식적인 학술어도 부주의하게 대충 풀이하여 착각을 일으킨 사례도 간간이 나타난다. 「효선」〈대성 효2세 부모〉조의, 대성이 그 어머니에게 아뢰는 "염아정 무숙선 금자곤궤의念我定無宿善 今玆困匱矣(저는 전생의 선업이 없었으므로 지금에 와서 곤궁하니)"를 "생각컨대 우리가 집도 좋은 것이 없고 이와 같이 곤궁하니"(이병도, 463쪽)로 오역한 것 등이다.

『삼국유사』의 번역에 이런 부정적인 측면이 있는가 하면, 드물지만 반가운 소식도 들려온다. 앞에서 괜찮은 번역으로 꼽히기도 한, 한국학중앙연구원의 『역주 삼국유사』(전 5권)의 출간이 그것이다. 〈교수신문〉은 이렇게 전하고 있다.

강인구 한국정신문화연구원 명예교수가 이끄는 '삼국유사 역주 팀'이 지난 몇 년간의 작업을 귀결 짓는 회심의 『역주 삼국유사』 5권(이회출판사 간)을 출간했다. (중략) 이번에 나온 『역주 삼국유사』는 (중략) 그간 학계의 연구결과를 균형 있게 검토해서 반영한다는 점에 포인트를 맞추고 이에 따라 『삼국유사』에 담긴 모든 자귀字句, 문장의 뜻을 바르고 정확하게 해석하

는 데 역점을 뒀다. 무려 3천여 편의 연구논문 가운데 중요한 것은 거의 반
영을 했다고 하니, 학문성이 이 책의 승부수다. 또한 본문에 실린 번역문과
원문 가운데 원문에서는 오탈자가 하나도 없다고 자부를 하니, 자료집으로
서의 가치를 혁혁히 끌어올렸다고 할 수 있다.

-〈교수신문〉, '화제의 책', 2003년 10월 19일자

〈교수신문〉은 또 이 번역이 전문가 5명에 의해 10년에 걸쳐 이루어졌
다면서 그 번역자를 밝히고 있는데, 한국 고대 불교사를 전공한 김두진과
김상현, 불교미술사를 전공한 장충식, 향가·설화문학을 전공한 황패강
등 해당 분야의 전문가들이 바로 그들이다. 이들은 마치 한 사람의 저자
가 쓴 것처럼 만들기 위해 많은 시간을 할애하여 다른 사람의 글을 서로
바꿔 다듬었다고 밝히고 있어 이 번역에 대한 신뢰성을 높이고 있다.

조선 상대를 혼자 담당하는 문헌

『삼국유사』 연구의 첫머리에 놓여야 할 인물은 아무래도 육당 최남선일 것 같다. 최남선 이후 많은 연구자들이 『삼국유사』 연구에 매진해 오고 있는데 여기에는 국학 분야의 대가들이 거의 모두 포함되어 있다고 해도 과언이 아니다. 이들 연구자가 말하는 『삼국유사』론을 몇 가지 소개해 본다. 우선 최남선은 『삼국유사』를 "조선 상대上代를 혼자 담당하는 문헌"으로 규정하고 있다.

『삼국유사』는 어느 의미로 말하면 조선 상대上代를 혼자 담당하는 문헌이라고도 할 만하니 조선의 생활과 문화의 원두源頭와 고형古形을 보여 주는 것이 오즉 차서此書가 잇슬 따름일새니라. 조선의 고사古史를 계고稽考하는 이는 누구든지 절감하려니와 원체 고기古記의 영성零星하고 유실遺實의 희미稀薇한 것은 새삼스레 거론도 말고 그중에도 만약에 내적內籍으로는 이

『삼국유사』가 전하지 않고 외전外傳으로는 저 『삼국지』의 「동이東夷열전」이 업섯드라면 무엇으로 누천累千의 사엽史葉을 만일萬一이라도 단예端倪하얏슬는지 생각하면 소름이 끼처지지 안치 못하는 일이니라.

위선 조선의 국조가 단군이얏슴을 전한 것이 차서此書밧게 또 무엇이 잇는가. 『삼국유사』의 〈고조선〉이 아니든들 단군에 관한 문헌적 신빙이 업고 딸하서 단군에 대한 학적 고구考究의 동기가 생기지 안코 딸하서 단군 중심으로 논명論明하게 된 동방의 숨은 일대 문화권인 불함문화不咸文化의 천명이 업섯스리니 이로써 보면 유사의 공功이 다만 조선 일사에만 그치지 아니함을 알지니라. 『삼국유사』는 단군의 사事와 한 가지 단군에 관한 귀중한 문헌을 우리에게 닐러주니 단군기, 신지비사神誌秘詞 등이 그것이며 『삼국유사』는 또 단군기 등을 거據하야 부여와 고구려의 원源이 다 단군에게서 나오고 동명東明도 또한 단군의 자子인 사事를 전하니 이는 고사 내지 전설 시대의 관념적 역사를 논구하는 상上의 아모 것보담 중대한 일중심사실一中心事實이요 겸하야 단군의 본질을 삶히는 일대 계기로 그 영향의 급及할 바가 자못 큰 것이니라. 이밧게 『삼국유사』에 출出하는 명구名句와 사실의 인문과학적 연구를 인因하야 다만 단군 중심으로 구성될 역사권만 해도 수얼치 아니한 것이 잇슴을 식자識者는 알지니라.

개개의 사실에 취하야 『삼국유사』의 학적 요건을 이약이함은 번거롭거니와 개론하건대 조선의 고대에 관하야 신전神典될 것, 예기禮記될 것, 신통지神統志 내지 신화 급及 전설집될 것, 민속지될 것, 사회지될 것, 고어휘될 것, 성씨록될 것, 지명 기원론될 것, 시가집詩歌集될 것, 사상 사실될 것, 신앙 특히 불교사 재료일 것, 일사집逸事集일 것은 도모지가 유일한 『삼국유사』를 가젓슬 뿐이니 말하자면 『삼국유사』는 조선 고대사의 최고 원천이며 일대 백과전림百科典林으로 일연의 공功은 서방의 헤로도투쓰에도 비할 것이니

라. 누가 『삼국유사』를 출발점으로 하지 안코서 조선의 신학神學을 말하며, 조선의 신화학 특히 국민 및 고사古史 신화학을 말하며 사회력 급及 기其 발달사를 말하며 고어학, 지명학, 씨족학, 문학사, 사상사, 종교사를 말할 수 잇스랴.

−최남선, 「삼국유사 해제」, 『증보 삼국유사』, 민중서관, 1975

문학적 상상력과 영감의 원천

최근 작고한 국문학자 최철은 문학적인 입장에서, "상징적 이야기 속에 조화롭게 공존하고 있는 다양한 인간과 인간의 삶에 대한 모습을 그대로 통합적으로 읽어야 함"을 강조하면서 『삼국유사』를 "문학적 상상력과 영감의 원천"이라고 일컫고 있다.

『삼국유사』는 고대의 역사를 신이神異로 풀어낸 사서이다. 유사遺事라는 것은 정사正史에 기록되지 않거나 빠진 일들을 일컫는 것이다. 『삼국유사』는 제왕과 고승의 일생과 일화를 문학적 상징이 가득한 설화로 되살려 놓았다. 『삼국유사』의 문학적 가치는 바로 이 부분에서 시작된다. 『삼국유사』를 편찬한 일연은 인간의 삶에 대한 통찰과 선사禪師로 살았던 일생을 말년의 저술에 쏟아 부었다. 우리의 역사를 풍부한 이야기로 재현하여 이 땅이 인연 깊은 불국토임을 알리고 나아가 널리 불법을 펴고자 하는 홍법弘法의 정신을 구현한 것이 그것이다.

따라서 『삼국유사』에 담긴 숱한 설화는 역사이면서 허구적 흥미를 갖춘 상상의 작품 세계이고, 세속의 일을 다루면서도 초자연적인 믿음의 끈을 놓지 않았던 구도의 기록이며, 역사 속에서 명멸해 간 숱한 개인의 삶의 궤적인 동시에, 이를 뛰어넘는 인간 일상의 생활 보편사를 보여 주고 있다. 여기에서 일연은 때로는 정전正典을 비교 검토하여 시공간의 오류를 정정하는 엄격한 사관의 모습을 보여 주기도 하고, 때로는 역사 속에 스며있는 신이의 흔적에 대한 감흥을 함축적인 언어로 풀어내는 시인의 모습을 보여 주기도 한다. 한마디로 역사와 허구, 세속적인 것과 신이한 것, 개인과 공동체, 고증과 감흥이라는 대립을 '상징'으로 포용해낸 것이라 할 만하다. 『삼국유사』의 문학적 가치는 이 모든 것들이 분리하기 어려울 정도로 상징적 이야기 속에 조화롭게 공존하고 있다는 것에서 찾아낼 수 있을 것이다. 따라서 『삼국유사』의 기록들을 그대로 역사적 문맥으로 끌어들여 사적 연원을 밝히고자 하는 태도는 문학성을 해명하는 작업에는 바람직하지 않다. 마찬가지로 역사의 '윤색'만을 강조하여 『삼국유사』의 이야기를 순전한 비유와 상상의 산물로만 치부하는 독서법은 온당하다고 할 수 없다. 상징적 이야기 속에 조화롭게 공존하고 있는 다양한 인간과 인간의 삶에 대한 모습을 그대로 통합적으로 읽어야 하는 것이다.

『삼국유사』가 지향하는 조화로움의 경지는 이야기와 시가詩歌가 결합하는 방식에서도 나타난다. 『삼국유사』에는 향가, 찬시, 한시 등의 시가가 이야기의 고비마다 나타나고 있다. 이 시가는 서사문맥에서 떨어지지 않으면서도 그 자체로 자족적인 완결된 구조를 지니고 있다. 즉 시가가 이야기의 방향을 결정하는 데 개입하면서도 독자적으로 전승될 수 있는 힘을 지니고 있다는 것이다. 이는 현실 공간에서 일어난 일을 신이로 풀어낸 일연의 의

도와도 관련이 있다. 우리의 삶을 조직하는 초월적 경험의 진실성을 일연은 노래의 힘을 빌려 드러내고자 했다. 『삼국유사』가 이야기를 풀어낸 역사서이면서 사실의 기록을 넘어서서 삶에 대한 통찰이 가능했던 이유를 여기에서도 찾아볼 수 있다. 동시에 이는 『삼국유사』가 시가와 설화를 아우르는 문학의 보고로 자리할 수 있는 이유이기도 하다. 실로 『삼국유사』는 상상력과 영감의 원천인 것이다.

—최철, 「삼국유사의 문학적 가치 해명」, 『한국문화연구』 제4집, 2001

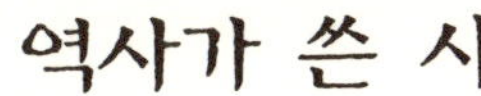

역사가 쓴 시

최근에는 종교학자 정진홍이 『고전, 끝나지 않는 울림』이라는 책에서, 『삼국유사』를 "역사가 쓴 시詩"라고 이름 짓기도 했다.

이 책은 우리가 지니고 있는 유일한 책, 곧 '역사가 쓴 시'를 담고 있는 책입니다. 역사는 산문에만 실리지 않습니다. 산문만이 역사를 담는 것이 아닙니다. 아니, 역사는 산문만을 기술하는 것이 아니라고 말해야 더 정확할 듯합니다. 은유와 상징과 신화에다 자기를 담지 않으면 역사는 곧 소멸되어 버리고 만다는 것을 역사 스스로 잘 알고 있습니다. 그래서 역사는 부지런히 자기의 시를 발언합니다. 사실이 신화의 범주에 들지 않으면 그 사실은 결코 전승되지 않습니다. 그럼에도 불구하고 많은 사람들은 그것을 알지 못합니다. 역사가 쓰는 시를 듣지도 읽지도 못합니다. 신화의 거절은 그 전형적인 '못난' 모습입니다. 신화를 역사적으로 실증하겠다는 태도도 다르지 않습니다. 역사 해석은 신화 서술과 같지 않다고 하는 주장도 다르지 않습니다. 때로 그러한 모습들은 '이상한 자기기만' 처럼 보입니다.

일연은 역사가 발언하는 시를 들었던 사람임에 틀림없습니다. 그렇지 않다면 이 책의 체제가 지금 우리가 가지고 있듯이 그렇게 되었을 까닭이 없습니다. 연대기와 「기이」편과 그것을 위한 자서와 여러 사실들을 이어 틀 짠 이 책이 끊임없이 상상력을 충동하고, 그래서 그 상상력을 통해 '없음을 있음' 이게 하는 '무염無染한 자유' 를 누리게 하는 것은 바로 역사가 발언하는 시를 독자들로 하여금 들을 수 있게 해주기 때문이라고 믿어집니다.

―정진홍, 『고전, 끝나지 않는 울림』, 강, 2003

신라에 편중된 기록

이렇듯 높이 평가받고 있는 『삼국유사』에도 약점이 없는 것은 아니다. 2000년대에 '느낌표' 프로그램이 불러일으킨 선풍에 앞서 작은 돌풍을 일으켰다고 할까, 1980년대 후반에 금기시되었던 이념서적이 봇물처럼 터지는 가운데 북역판 『삼국유사』가 한때 붐을 일으킨 적이 있었다. 이 북역판 『삼국유사』는 서문을 겸한 해제에서, 어떤 의미에서는 『삼국유사』의 아킬레스건이라고 할 수 있는 약점들을 다음과 같이 지적하고 있다.

『삼국유사』가 이 같은 장점을 많이 가졌다 하여 이 책에서 결함이 없다는 것을 의미함은 결코 아니다. 이 책은 력대 유학자 력사가들이 론평한 바와 같이 허탄한 기사가 많은 것도 사실이요, 그것이 우점優點의 조건으로도 될 수 있는 반면에 결함으로 되고 있음도 사실이다. 따라서 이 책이 가지는 한

개 한 개 특징은 그 평가에서 상반되는 두 개 측면을 가지고 있다. 우리나라 력사학계에서 희귀하게도 저자가 불교 승려라는 특징은 유교주의 력사관으로부터 해방될 수 있는 장점으로 되는 동시에, 타방으로는 이 책의 절반 부분을 불교 관계 '유사遺事'로 채운 결함을 가져 왔으며, 때로는 저자의 신앙심으로부터 나온 강한 주관에서 우리나라의 고유한 전래 설화를 불교 색채로 윤색함으로써 그 원형을 왜곡한 폐단도 없지 않다. 그리고 이 책은 력사 전문가가 아닌 한낱 선승의 손으로 집필되었던 만큼 사료의 정리 면에서 년대의 착오와 인용기사의 소루한 점 등 직업적 책임성의 결여로부터 나온 결함들이 왕왕 있다. 그 일례로 분명히 오간이 아닌 범위에서 첫편 왕력에서만 보더라도 전한 지황 원년 '경진'이 '병진'으로 오기되었으며, 송 경평 원년은 '계해'인데 '계유'로 되었으며 백제 무령왕조의 '륭'은 의자왕의 태자인데 고구려 보장왕의 태자로 기술하는 등등 이 같은 착오는 다른 편들에서도 가끔 발견된다.

뿐만 아니라 그 취급 기사의 범위에 있어서는 『삼국사기』의 그것보다도 더 심하게 신라의 사적에 편중하고 있다. 이 결함은 『삼국사기』와 함께 문헌의 제약으로부터 오는 공통된 원인이기도 하려니와 더욱이 저자는 경주 장산현 사람으로 그 생애의 대부분을 경상도 일원에서 시종하였으므로 그의 관심이나 견문에서 오는 제약은 저절로 이 지역을 중심한 자료에 편중함을 면치 못하게 하였던 것이다. 따라서 저자가 자기 저서의 표제를 '삼국'으로 내세운 것도 어떤 과업으로부터 지정된 표제가 아닐 것이며 삼국의 '유사' 자료에 대하여 그 어떤 균형을 고려해 볼 책임조차 없었던 것이다.

그렇기 때문에 이 책의 내용은 그 자료 문헌의 제약을 별개 문제로 하더라도 저자의 취미나 편향된 지식에 기초하여 편찬된 것으로 추정되는 부분이 적지 않다. 그 결과는 이 책이 오늘에 와서도 때로는 신라 중심의 '유사',

또는 불교 중심의 '유사'라는 평을 받게 된다.

─조선과학원 고전연구실 편, 리상호 역, 「삼국유사 해제」, 『삼국유사』, 1960

삼국유사의 역사

찬술 시기

　일연이 『삼국유사』를 저술했다는 명확한 기록은 없다. 예컨대 민지가 지은 보각국사 비문에는 일연이 지었다는 다른 저술들이 열거되어 있지만 『삼국유사』라는 책은 언급되지 않는다. 다만 현재 전해지고 있는 중종 임신본 『삼국유사』의 권제5 첫머리에 "국존國尊 조계종曹溪宗 가지산하迦智山下 인각사주지麟角寺住持 원경충조圓徑沖照 대선사大禪師 일연찬一然撰"이라는 구절이 남아 있어, 『삼국유사』가 일연이 찬술撰述한 것으로 알려지게 된 것이다.

　이렇게 일연이 『삼국유사』를 찬술했다는 사실이 가까스로 밝혀진 다음에 그렇다면 언제 찬술되었는가 하는 문제가 제기되어, 『삼국유사』의 찬술 시기에 관한 설이 분분해졌다. 이에 대해 역사학자 김상현은 「삼국유사의 서지학적 고찰」이라는 글에서 이렇게 정리하고 있다.

『삼국유사』의 찬술 시기에 대해서는 다음의 몇 가지 견해들이 있다.

첫째, 최남선의 견해다. 그는 『삼국유사』의 찬성撰成 연대에 대하여 「왕력」과 「기이」 양편은 송명宋命이 있을 그 시기에, 그리고 권3 이하는 일연의 나이 70~76세까지에 이루어진 것으로 보았다. 또한 그는 『삼국유사』의 찬술이 일연이 정림사로 옮긴 1249년(고종 36) 이후의 일이고, 국존國尊에 봉해진 1283년(충렬왕 9) 이전에 끝난 것으로 추측했다. 최남선의 이 같은 견해는 권상로, 황패강 등에 의해 답습되었다.

둘째, 『삼국유사』의 전편은 적어도 1278년 이후 일연의 나이가 70~76세 간에 운문사에서 본격적으로 찬술되었다는 견해가 최근에 대두되었다. 채상식의 주장이 그것이다. 『삼국유사』를 찬술하기 위한 선행작업으로 만들어진 『역대연표歷代年表』가 1278년에 간행되었기 때문이라는 것이다.

셋째, 민영규는 『삼국유사』의 저술 시기를 꼬집어 말하지는 않았지만, '노선사老禪師의 한사閑事요 여업餘業'이 아니라, 일연 80 평생의 정진이 이 한 책에 집주集注되어 있다고 보았다. 그리하여 그는 "신라에 관한 한의 기사에 한해서 어느 것 하나 일연 손수 발로 찾아 걸어가서 몸으로 실험해 본 나머지의 것 아님이 없을 정도로 실증벽이 있다."고 강조했다.

아마도 민영규는 자료 수집으로부터 원고 집필에 이르는 긴 시기에 주목한 것이라면, 최남선과 채상식은 주로 원고 집필 시기에 중점을 두고 있는 듯하다.

김상현은 이렇게 말하면서 "일연이 『삼국유사』의 저술을 위해 사료를 수집한 것은 청년 시절부터였고, 그 원고의 집필은 대개 70대 후반으로부터 84세로 입적하기까지 주로 만년에 행해진 것이었다."라고 결론짓고 있다.

판각의 역사

『삼국유사』의 판가板刻, 즉 『삼국유사』를 목판에 새겨 간행한 문제에 대해서도 찬술의 경우와 비슷하게 다양한 설들이 있다.

우선 『삼국유사』의 초간初刊이 일연의 생존시에 이루어졌으리라는 일부 학자들의 막연한 추측이 있는가 하면, 일본학자들을 중심으로 『삼국유사』는 일연 생존시에는 초간이 이루어지지 못하고, 사후에 가서야 제자 무극無極에 의해 초판의 간행이 이루어졌을 것이라는 설이 있다. 그러나 일연 생존시에 『삼국유사』가 간행되었다는 설은 보각국사 비문에 일연의 저서로 열거되어 있는 백여 권의 책들 중에 『삼국유사』라는 이름이 보이지 않는다는 점에서 설득력을 잃고 있다. 그런가 하면 일연 사후에 제자 무극에 의해서 간행되었다는 설에 있어서도 간행연도가 정확히 언제였는지에 대해서는 명확한 해답이 나오지 않고 있는 실정이다. 이 문제와 관련하여 서지학자 천혜봉은 2005년 6월 인각사에서 발행한 『삼국

유사 연구」 창간호에 발표한 「『삼국유사』 판각의 시기와 장소」라는 논문
에서 이렇게 말문을 열고 있다.

『삼국유사』 초각본에 대하여는 종래 일연의 판각설과 그의 제자인 무극의
판각설이 제기되었다. 전자는 일찍이 최남선에 의해 제기된 것이다. 일연
이 찬술한 『삼국유사』는 법속法俗을 통해 유일하게 출현한 불교 홍통지이
자 일연국존이 만년에 이룩한 역작이므로 그 산문에서 각별히 판각을 계획
추진하였을 것이고 또한 그 역작이 저술된 전후는 고려의 판각이 성행할
시기였으니, 이러한 당시의 여건은 유사의 판각 시기를 고증하는 한 반증
이 된다고 하였다.

천혜봉은 이어서 권상로와 황패강의 「삼국유사 해제」가 이 견해를 받
아들이고 있다고 덧붙이면서 이 견해에 대한 수정론으로 서지학자 류탁
일의 설을 소개하고 있다.

한편 류탁일은 1983년 영남대학교 민족문화연구소의 『삼국유사 연구』에서
「삼국유사 문헌변화 양상과 변인」을 발표하였는데, 그는 여기서 위 비문碑
文의 일연 찬술 서목書目에 유사가 나타나지 않은 것은 그 비를 세운 충렬
왕 21년(1295) 당시 그 고본稿本이 간행되지 않아 세상에 유포되지 못했기
때문이라고 반론을 제기하였다. 따라서 그 초각初刻은 그 뒤 제자 무극에
의해 그의 생존기간 즉 충렬왕 21년(1295)부터 충숙왕 9년(1322) 사이에
보기補記하여 정고定稿한 후 비로소 이루어진 것으로 보아야 한다고 수정론
을 제기하였다. 그리고 그는 여기서 무극의 보기한 정고본을 간행한 것이
초각본이고 이를 전승하여 고려 말에 간행한 것이 중각본이며 이를 다시

조선 중종 조에서 간행한 것이 3각판인데 그 외에도 더 전승층위를 갖고 있다고 언급하였다.

류탁일의 설은 『삼국유사』의 초간이 일연 사후에 제자인 무극에 의해 이루어졌음을 가리키고 있는데 류탁일의 설을 요약하자면 다음과 같다.

1) 일연이 분권 없이 내용 항목의 순차 — 「기이」 제1 …… 「효선」 제9 — 에 따라 권자卷子 형식 또는 절첩折貼 형식으로 만들어 놓은 원고본을,

2) 그의 제자 무극(1251~1322)이 1295년 일연의 비를 세운 다음으로부터 그가 입적한 1322년 사이에 유사遺事의 정고본을 만들었고 그때 미심쩍은 곳은 자기 의견을 보입補入하고 분량에 따라 분권하여 등재 원고를 완성, 1차 간행하였으리라고 추정된다.

3) 그 뒤 고려 말엽 즉 김거두金居斗 발문본 『삼국사기』를 중간(1394)할 무렵에 전래하던 유사遺事는 개각 또는 보각되었고,

4) 다시 1512년에 김거두 발문본 삼국사기를 개각할 당시 이계복이 전래의 구판에다가 80% 이상 보각을 하였던 것인데 이것이 현전하는 소위 정덕본 『삼국유사』인 것이다.

5) 따라서 일연이 원고를 작성한 후 3번 또는 그 이상의 전승 층위를 갖고 있는 것이 『삼국유사』라고, 그 전승 층위를 설정해 보았다.

-류탁일, 「삼국유사 문헌변화 양상과 변인」, 『삼국유사 연구 상』, 영남대 출판부, 1983

천혜봉은 류탁일의 이러한 추정에 대해 서지학의 입장에서 반론을 펴고 있다. 천혜봉은 『삼국유사』 전 권을 통하여 단 한 군데, '신주 제6' 의 첫 줄에 '삼국유사 권제5' 가 표시된 다음 줄의 "국존조계종가지산하인

각사주지원경충조대선사일연찬國尊曹溪宗迦智山下麟角寺住持圓鏡沖照大禪師一然撰"이라는 대목에 대해서 "책의 첫머리도 아닌 중간에 그것도 한 곳에만 그의 찬술 표시가 있다는 것은 그의 만년의 간행에 의아심을 자아내게 한다."고 지적하고 있다. 또한 일연의 제자 무극의 생존시에 초간되었다는 주장에 대해서도 "수제자가 스승 국존國尊의 찬술에 그의 시호 '보각普覺'을 표시하여 국존으로 받드는 것이 너무나도 당연한 도리인데, 그것이 표시되어 있지 않은 점"도 문제로 지적하고 있다.

천혜봉은 현재 전해져 내려오는 『삼국유사』 판본들을 서지적으로 분석해 본 결과, 『삼국유사』가 일연 또는 무극에 의해 판각되었다기보다는 일연이 수고手稿하고 무극이 보기補記하여 정고定稿된 뒤에 이 정고본의 전사본轉寫本이 다양하게 유통되었다고 본다. 그러던 것이 조선 초기에 최초로 판각되기에 이르렀는데 현재 보물 419호로 지정되어 있는 구 송은장본과, 1990년에 발견되어 현재 성암고서박물관에 소장되어 있는 구 니산장본이 바로 그 조선 초기 판본 중의 하나라고 보면서 이렇게 설명하고 있다.

필자는 그간 위의 구 니산장본과 구 송은장본이 권차는 다르지만 동판본이므로 서로 대사對査하며 살펴보는 기회를 몇 차례 가졌었다. 이들 판본은 판각용 필서본을 몇 사람이 분담 정서하여 새겨 냈기 때문에, 그 서법이 (중략) 권차에 따라 다소의 차이를 보여 주지만, 어느 것이나 해서로 정서하여 글자 모양이 바르고 해정楷正하며, 새김이 또한 정교하게 이루어져 글자 획이 균정하고 마치 필서한 것처럼 필력이 예리하여 초각 판본의 특장을 잘 나타내 준다.

천혜봉은 조선 초기 판본의 판각 시기를 조선 태조 3년(1394) 4월을 전후한 무렵으로 보고 있다. 그 근거로는 중종 7년 『삼국유사』 번각 때에 함께 간행된 『삼국사기』의 권말 옛 발문에 "삼국사의 경주 인본印本은 해가 오래되어 유통되지 않고 필사본만이 이용되고 있어 안렴사 심효생이 한 질을 구하여 전 경주부사 진의귀와 함께 태조 2년(1393) 8월부터 판각하기 시작했는데, 도중에 자기가 부임하여 그 간역을 9개월 걸려 무사히 고완告完했다."고 되어 있는 구절을 들고 있다. 이로 보아 『삼국유사』는 『삼국사기』와 함께 조선 태조 3년(1394) 4월을 전후한 무렵에 경주부에서 판각된 것임을 알 수 있다는 것이다.

이 조선 초기 판본에 이어 간행된 것이 중종 7년(1512) 임신년에 이계복 등이 경주부에서 판각하여 간행한 중종 임신본, 속칭 정덕본正德本으로 이것은 현재 결질 없는 완본으로 전해지고 있다. 중종 임신본은 그 간행 경위를 발문에 밝히고 있는데 내용은 다음과 같다.

우리 동방 삼국의 본사本史나 유사遺事 두 책이 딴 곳에서는 간행된 것이 없고 오직 본부本府에만 있었다. 세월이 오래 되매 완결刓缺되어 한 줄에 알아볼 수 있는 것이 겨우 4, 5자밖에 되지 않는다. 내가 생각하건대, 선비가 이 세상에 나서 여러 역사책을 두루 보고 천하의 치란과 흥망, 그리고 모든 이상한 사적에 대해서 오히려 그 견식을 넓히려 하는 것인데, 하물며 이 나라에 살면서 그 나라의 일을 알지 못해서야 되겠는가?
이에 이 책을 다시 간행하려 하여 완본을 널리 구하기를 몇 해가 되어도 이를 얻지 못했다. 그것은 일찍이 이 책이 세상에 드물게 유포되어 사람들이 쉽게 얻어 보지 못했다는 것을 알 수 있다. 만일 지금 이것을 고쳐 간행하지 않는다면 장차 실전되어 동방의 지나간 역사를 후학들이 마침내 들어 알 수가 없게 될 것이니 실로 탄식할 일이다. 다행히 사문斯文 성주목사 권공權公 주輳가, 내가 이 책을 구한다는 말을 듣고, 완본完本을 구해 얻어서 나에게 보냈다. 나는 이것을 기쁘게 받아 감사 안상국安相國 당瑭과 도사 박후朴候 전佺에게 이 소식을 자세히 알렸더니 이들은 모두 좋다고 했다. 이에 이것을 여러 고을에 나누어 간행시켜서 본부本府에 갖다가 간직해 두게 했다.

아아! 물건이란 오래 되면 반드시 폐해지고 폐해지면 반드시 일어나게 마련이다. 이렇게 일어났다가 폐해지고 폐해졌다가는 다시 일어나게 되는 것이 바로 이치의 떳떳한 바이다. 이치의 떳떳함으로 일어날 때가 있는 것을 알고 그 전하는 것을 영구하게 해서 또한 후세의 배우는 자들에게 배움이 되기를 바라는 바이다.

황명皇明 정덕正德 임신任申 계동季冬에

부윤府尹 추성정난공신推誠定難功臣 가선대부嘉善大夫 경주진병마절제사慶州鎭兵馬節制使 전평군全平君 이계복李繼福은 삼가 발문을 씀.

우리는 이 발문을 통해 다음의 사실을 알 수 있다. 즉, 『삼국유사』 중종 임신본은 중종 7년(1512)에 『삼국사기』와 동시에 출간되었으며, 『삼국유사』와 『삼국사기』, 두 책은 경주에서만 판각되었다는 것이다. 그러므로 중종 임신본 『삼국유사』는 조선 초 1394년으로 추정되는 첫 판각 이후 두 번째로 판각된 것으로 현전하는 유일한 완본임을 알 수 있다.

유통의 역사

흔히들 우리나라 최고의 고전이라고 일컫는 『삼국유사』는 지난 7백여 년이라는 짧지 않은 기간 동안 망각된 채 간신히 생명을 부지해 왔다고 말할 수 있다. 사람들은 흔히 『삼국유사』라는 책이 저술된 고려 시대 이래로 꾸준히 읽힌 것으로 오해하기도 한다. 그러나 실상은 그와는 판이했던 것으로 생각된다.

『삼국유사』는 저술된 고려 시대에 일부 승려와 식자들 사이에서 읽혔던 것으로 보인다. 그러다가 조선 시대에 들어와서 성종 7년에 나온 『삼국사절요』에 인용되고 더 나아가 『삼국사절요』를 바탕으로 한 『동국통감』에도 인용되었다. 『삼국유사』는 성종 대에 간행된 『신증동국여지승람』에서 많이 인용되었으며 16세기 이후에는 『동국사략』, 『동몽선습』 등 사찬私撰 사서를 비롯하여 『성호새설』(이익), 『동사강목』(이정복), 『연려실기술』(이긍익) 등 조선 중후기 역사서에 직·간접으로 인용되면서 적지 않은 영향력을 행사하기도 했다. 그러나 저자가 승려라는 이유로, 또는 내용이 황탄하다는 이유로 기피 당하는 등 곡절을 겪기도 했다.

『삼국유사』가 소수의 지식층을 벗어나 일반 독자층에게 본격적으로 알려지기 시작한 것은 이 땅에 근대사학이 수용되면서부터라고 할 수 있다. 한일합방 직후인 1910년 11월에 백암 박은식과 도산 안창호의 권유로 최남선이 세운 조선광문회에서 『삼국유사』를 출간해낸 것을 그 첫 계기로 꼽을 수 있다. 그러나 그 뒤에도 한동안 식자층만 볼 수밖에 없었는데, 이는 조선광문회의 『삼국유사』가 한문본이었기 때문이다. 그 후 1918년 이능화가 신문관新文館에서 펴낸 『조선불교통사』에서 크게 소개하고, 1927년 최남선이 계명구락부 기관지 『계명』에 해제와 함께 소개했던 『삼국유사』도 번역본이 아닌 한문 원본이었다. 최남선은 1946년에도 석남 송석하 소장본에 의해 「왕력」, 「기이」편을 교정하고, 고문헌 11종을 부록으로 수록한 『삼국유사』 신정본新訂本과 색인을 첨가한 증보본增補本을 연이어 출간하였다.

『삼국유사』가 본격적으로 일반 독자층에게 소개된 시기는 아무래도 한글 번역판이 나온 이후부터라고 보아야 할 것이다. 중앙승가대학 불교사학연구소에서 펴낸 『증보 삼국유사 연구논저 목록』(1995)에 따르면, 『삼국유사』의 한글 번역은 일제 때인 1934년에 『조선야사전집3』에 윤백남 번역으로 실린 것과 1935년부터 1937년까지 〈야담〉 잡지에 원옹元翁이라는 이름으로 번역, 연재된 것이 있으나 전문 번역은 아닌 것으로 보인다.

그래서 본격적인 『삼국유사』의 한글 번역은 해방 1년 후 사서연역회史書衍譯會에서 펴낸 『삼국유사』(고려문화사, 1946)를 기다려야 했다. 최초의 한글 번역판으로 꼽히는 이 번역은 원문이나 역주는 없이 본문만 번역하고 있으며 일연의 찬시讚詩도 번역하지 않았다. 권말에 길지 않은 취지서를 붙이고 있는데 그 끝부분을 옮기면 이렇다.

> 건국의 수도首途에서 어느 일이 완급緩急이 있으리오마는 우선 무엇보다도 우리의 역사로 하여금 그 난관비역難關秘域에서 들어내어 우리 민족 전체의 마음의 양식이 되게 하려고 이에 우리 몇몇이 그 비재非才를 무릅쓰고 서로 모의하여 사서연역회를 조직하고 널리 국내의 동지들에게 부르짖어 그 협찬을 바라는 바이니 우리의 사업은 다만 우리 역사의 한문으로 기술된 것을 우리말로 번역해서 우리 역사의 대중적 이해에 일조가 되기를 기하는 것이다.

이 책에는 그러나 역자의 이름이 표기되어 있지 않다. 그러다가 한문학자 이가원이 1990년에 펴낸 『삼국유사 신역』의 서문에서, 『삼국유사』의 한글 번역이 1946년 사서연역회의 간행본에서 비롯되었음과, 자신도 홍기문, 김춘동, 이원조, 신응식 등과 함께 번역에 참여했음을 밝힘으로써 역자들의 면면을 알 수 있게 되었다. 역자들의 학문적 무게야 대충 이름만 들어도 짐작할 수 있지만, 굳이 전공을 따지자면 홍기문은 국어학, 김춘동, 이가원은 한문학, 신응식(필명 신석초)은 시詩, 이원조는 문학평론 등이다 보니 나름대로 역할을 나누었을 것으로 보인다. 이 번역에는 주석이 없고 역문에 고투가 많지만 막힘없이 읽히는 것이 최초의 한글 번역으로 모범을 보이고 있다고 할 수 있다.

이후 『삼국유사』의 한글 번역이 줄을 잇게 되면서 이병도, 권상로, 이가원 등의 번역서가 속속 출간되었다. 이런 가운데 1980년대에는 조선과학원 고전연구실 명의로 되어 있어 거의 공식적인 번역으로 보이는 북한 번역판이 스테디셀러로 자리를 잡아가기도 했는데, 2000년대에 들어서 『삼국유사』가 MBC의 '느낌표' 프로그램에 의해 베스트셀러가 되었던 일은 그 유통이라는 측면에서 볼 때, 『삼국유사』의 7백여 년 역사상 최고의 순간이었다고 해도 과언이 아닐 것이다.

삼국유사를 읽는
두 개의 키워드

신이 개념

여사학자 고故 이기백은 일찍이 『삼국유사론』이라는 저술을 계획하면서 그 구상의 일단을 밝힌 바 있다. 이기백은 그 글 중에서 '신이神異적 세계의 의미'라는 소제목으로 『삼국유사』를 접근하는 데에 있어 핵심적인 개념이라 할 '신이'를 논하고 있다.

『삼국유사』를 읽어 가면서 우선 크게 느끼는 것은 그것이 고대의 신이의 세계를 우리에게 보여 주고 있다는 점이다. 아홉 편으로 나누어 저술된 『삼국유사』는 연표인 「왕력」편을 제외하면 문장으로 서술된 첫 편이 「기이」편인 것이다. 기이가 신이를 기록한다는 뜻임은 찬자 일연이 스스로 『삼국유사』의 서敍에서 말한 바와 같다. 그리고 실상 「기이」편에는 그러한 신이한 사실들이 듬뿍 실려 있다.

그런데도 불구하고 『삼국유사』가 신이한 일들에 대한 기록이라는 사실을 굳이 부인하려 드는 경향이 있다. 역사서인 『삼국유사』가 어떻게 객관적 사실이 아닌 신이사神異事에 대한 기록을 주로 할 수가 있겠는가고 한다. 혹은 또 『삼국사기』에 빠진 기록들을 모아서 이를 보충하려다 보니 자연히 그렇게 되었을 것이라고도 한다.

물론 『삼국유사』에는 객관적 사실들을 충실하게 기록한 대목들이 있기는 하다. 그러나 『삼국유사』가 『삼국유사』로서 생명을 지니는 까닭은 그것이 객관적 사실보다는 신이한 사실을 기록하는 데 더욱 관심을 쏟고 있기 때문이다. 이 점을 놓쳐 버린다면 『삼국유사』의 본질을 또한 이해하지 못하는 결과를 가져오리라고 생각한다.

가령 하늘에서 내려온 환인과 곰이 마늘과 쑥을 먹고 사람으로 화한 여자가 결혼해서 단군을 낳았다는 이야기는 『삼국유사』다운 기록임이 분명하다. 진평왕은 신장이 11척이나 되어서 돌계단을 밟으니 세 개의 돌이 모두 부서졌다는 얘기도 그러하다. 『삼국사기』에는 그저 진평왕의 신체가 장대했다고 막연한 표현을 하고 있을 뿐이다. 태종 무열왕이 하루에 쌀 서 말과 꿩 아홉 마리를 먹었다고 하는 것도 또한 『삼국유사』다운 기록이다.

경덕왕이 아들을 낳기 위하여 승 표훈表訓을 천상에 보내서 상제上帝에게 간청하였다는 이야기도 물론 예외일 수가 없다. 도화녀가 죽은 진지왕의 혼魂과 관계하여 비형랑을 낳았다든가, 경문왕의 귀가 나귀의 귀와 같이 컸다든가 하는 이야기들도 모두 그러하다.

이러한 신이한 이야기들은 『삼국사기』에서 빠진 것을 기록하려다 보니 『삼국유사』에 수록되게 되었던 것이었을까? 나는 오히려 그와는 반대일 것이라고 생각한다. 즉 신이한 이야기들을 수집하여 기록하다 보니까 『삼국사기』에 없는 이야기들이 모이게 되었을 것이다.

그런데 묘한 것은 이러한 신이한 이야기들이 우리나라 고대사회의 본질을 오히려 잘 나타내 주고 있다. 그것은 비록 신이한 기록들이 그대로 사실은 아니지만 역사적 사실을 반영해 주는 것들이기 때문이다. 나는 이러한 점을 명백히 하는 것이 『삼국유사』 연구에서 무엇보다도 중요한 일이라고 믿고 있다.

─이기백, 『한국고전연구』, 일조각, 2004, 6쪽

일연이 「기이」편 서에서 "삼국의 시조가 모두 신이神異한 데서 나왔다 한들 무슨 괴이할 것이 있으랴. 이 기이紀異가 모든 편에 머리한 것은 뜻이 여기에 있다."라고 말하고 있는 것은 『삼국유사』를 편찬하면서 택한 "기록을 취하는 기준"을 밝힌 것이라고 볼 수 있다. 그것은 '신이사神異事'를 기록하겠다고 밝힌 것이며, 그런 기록들은 역사적 사실을 신화나 설화의 형식을 빌어서 표현한 것이라고 볼 수 있는 것이다. "『삼국유사』는 역사를 신화나 설화의 형식으로 빌어서 표현하던 단계의 기록들을 그대로 보전해 준 것으로, 이 기록들은 신화학이나 종교학 혹은 민속학, 인류학 같은 인접과학의 도움을 빌린다면 그 과장된 표현들 속에서 살아 있는 역사적 진실에 접근할 수 있을 것"이라고 이기백은 말하고 있다. 그런 점에서 『삼국유사』에 등장하는 온갖 '신이사'들은 우리들의 해석을 기다리고 있는 "아직 풀리지 않은 수수께끼"라고 말할 수 있을 것이며, 이 수수께끼를 푸는 것이야말로 역사학을 비롯한 현대 학문의 과제라고 말할 수 있다.

이기백의 이러한 기대에 부응하듯, 인접 학문 분야에서 그러한 '신이사'들을 해석함으로써 그 속에 살아 있는 역사적 진실에 접근하고자 하는 연구들이 최근 들어 나오기 시작했다. 서울대학교 종교학과에서 박사학위를 취득한 하정현의 「『삼국유사』 텍스트에 반영된 '신이' 개념에 관한 연구」라는 논문은 그런 시도 중의 하나이다. 『삼국유사』에 대한 종교학적 접근의 한 시도로, 『삼국유사』에서 드러나고 있는 '신이' 개념을 탐구한 이 논문의 논지를 따라가면서 그 주요 골자를 소개하고자 한다.

'신이'라는 말의 일반적 의미는 불가사의한 것, 괴이한 것, 수상한 것, 위태로운 것으로 인간의 행위가 아닌 것으로 보이는 것을 이른다. 특히 신이에서 이異라는 말은 다름殊, 어긋남違, 기이함奇, 괴이함怪, 비범함, 비상함의 용례가 있다. 이러한 용례를 볼 때 신이는 초인간적인 행위이지만 거룩함이나 존귀와 같은 긍정적 가치로만 설명이 되는 개념은 아니다. 역사적 용례로 볼 때 신이의 개념은 신통神通과 크게 다르지 않다. 『삼국유사』에서 신이와 신통의 용례를 보면 '역사적 사건에 개입되는 초인간적인 힘의 작용'을 의미한다.

이렇게 정의된 신이의 개념을 바탕으로 하정현은 『삼국유사』 전편의 신이 내용과 신이소神異素를 검토하여 다음과 같은 세 가지 사실을 확인하고 있다.

첫째, 역사적 사건의 전개과정에 천天 혹은 천제가 개입되는 사태가 많다는 사실이다. 즉 〈고조선〉조에서 〈김알지 탈해왕 대〉조에 이르기까지 건국 시조 혹은 왕의 출생에는 어김없이 천제 혹은 천이 개입된다.
둘째, 신神을 비롯하여 만물이 신이한 사건의 매개체로 작용한다.
셋째, 『삼국유사』가 전하려는 것이 역사이든, 정치이든, 도덕이든, 종교이든 간에 모두 신이가 작용한다. 『삼국유사』의 저자는 역사를 전하면서도 역사적 사건을 있는 그대로 기술하려는 것이 아니고, 자신의 신념 체계에 따라 재구성하고 있는데 이때 작용하는 원칙이 바로 '신이'이다. 일연은 삶의 현실을 그저 일상이 전부라고 보지 않고, 일상을 넘어서는 것이 개입하면서 삶이 삶다워지는 것으로 보았다. 그는 일상이 깨지는 이상스러운 것, 혹은 일상을 넘어서는 신성한 것을 '신이'라고 했다.

하정현은 『삼국유사』의 저자가 "역사를 기술하면서 사건을 그대로 기록한 것이 아니라 그의 '창조적 역사의식'에 따라 역사적 사건을 해석하고 있으며" 이때 작용한 원칙이 바로 신이라고 말한다. 그리고 이러한 신이의 원칙이 구체적인 사건에 적용되는 경우로 다음의 예를 들고 있다.

「기이」편 〈진흥왕〉조에 다음과 같은 내용이 있다.
"고구려를 치자는 백제의 제안을 받은 진흥왕은, 니리기 망함은 하늘에 달려 있으니 만약 하늘이 고구려를 미워하지 않는다면 어찌 감히 고구려의 멸망을 바랄 수 있겠느냐고 하여 거절했다. 이에 백제가 침공하였다."
여기서 주목되는 것은 백제의 침공이라는 사건보다는 왜 백제가 신라를 치게 되었는가를, 진흥왕 내면의 초월에 대한 의식을 서술함으로써 그 사건을 해석하는 대목이다. 즉 진흥왕은 "하늘이 고구려를 미워하지 않는다면……"이라고 했는데, 실제로 왕이 누구에게 그렇게 말했는지 아니면 독백인지는 확인할 길 없지만, 이는 일연의 역사 해석의 일면으로 보인다. 이와 같이 역사적 사건의 의미를 밝히면서 신이가 개입되는 이야기들이 이 유형에 속하는데, 『삼국유사』에서 호국과 관련된 이야기를 예거할 수 있다. 「기이」편 〈천사옥대〉조 역시 이 유형에 속하는데 그 내용은 다음과 같다.

"제26대 진평왕 대에 천사가 궁 뜰에 내려와 상황이 보낸 옥대를 전한다. 왕은 그것을 받고 교제郊祭를 지낸다. 후에 고구려가 신라를 치려는 모의를 하다가 신라에는 이 옥대를 포함하여 세 가지 보물이 있다는 사실을 알고 포기한다."

이 이야기에서 고구려가 신라를 치려는 모의를 하다가 포기한 것이므로 왜 포기를 했는지 확인할 길은 없다. 하지만 『삼국유사』에서는 신라는 하늘이 준 옥대로 인해 국가의 위기로부터 모면할 수 있었다는 것이다. 『삼국유사』는 역사적 사건을 다루면서도 그것 자체를 기록하기보다는 신이소神異素를 준거로 하여 사건의 의미를 밝히는 해석으로의 역사기술을 하고 있는 셈이다.

결국 『삼국유사』의 내용을 형성하는 '신이소', 또는 그것을 위해 자료를 선택하고 찬술한 준거이기도 하고 저술의도이기도 하다고 판단되는 '신이'는 세 가지 개념적 함축이 통합된 독특한 것으로 이해할 수 있다. 그것은 신성, 신화 그리고 영험이라고 할 수 있는 복합적인 의미를 내장하고 있는 것이다.

하정현은 이렇게 신이 개념을 마무리 지으면서 한 가지 중요한 지적을 하고 있다. 오늘날의 연대기적 사실 기술 위주의 역사에 대한 비판이 그것인데, 다음과 같은 발언을 통하여 '신이' 개념을 배제한 역사가 얼마나 불모不毛의 역사가 될 수도 있는지를 강조하고 있다.

『삼국유사』의 신이 개념을 통해 확인할 수 있는 또 다른 중요한 사실은 연대기적 사실 기술의 역사를 진정한 '역사'라고 여기는 태도가 가지는 한계, 일상을 유폐된 공간으로 전제하고 거기에만 머물러 있으려는 삶의 형

태가 지닌 한계를 이 저술은 분명하게 보여 주고 있다는 것이다. 신성사神
聖史 또는 구원사救援史가 내장되지 않은, 또는 병행하지 않는 역사란 실은
비현실적이고 무의미하다는 것을 보여 주고 있을 뿐만 아니라 영험적 경험
을 지니지 못한 삶은 메마른 것임을 보여 주고 있는 것이다. 다시 말하면
신성의 범주와 연계되어 되살펴지지 않는 역사, 신화의 범주에 들지 않는
사건의 무의미, 영험한 경험을 통해 삶의 한계가 극복되는 도덕이나 의미
론을 실제로 전개하지 않는 것의 한계를 실증적으로 예시하고 있는 것과
다르지 않은 것이다.

불국토 사상

　'신이'와 함께 『삼국유사』를 지탱하고 있는 또 하나의 주요한 개념이 불국토사상이다. 이는 부처가 일찍부터 우리나라와 인연을 맺고 있다는 '불연국토佛緣國土' 설이다. 즉, 우리나라는 과거부터 부처와 인연이 있었고, 현재는 불보살이 출현하여 중생을 교화하고 있으며, 미래에도 (부처가) 수적垂迹할 영원한 불국토라는 것이다. 이러한 불국토사상은 '신이'한 사건들이 펼쳐지는 무대 내지 환경이라고 볼 수 있다. 즉, 『삼국유사』에 보이는 각종 신이사의 배경에는 이러한 불국토사상이 깔려 있다고 볼 수 있는 것이다.

　불국토사상은 고구려, 백제, 신라 세 나라와 가야까지 포함시킨 4국에 공통적이었던 것으로 보인다. 그러나 『삼국유사』에서는 이 네 나라 중에 신라의 불국토사상을 집중적으로 소개하고 있다. 고구려의 경우, 일연은 과거불 인연설의 모습을 「탑상」편 〈요동성 육왕탑〉조를 통해서 소개하고 있다.

삼보감통록三寶感通錄에 기재된 구려 요동성 곁에 있는 탑은 고로古老가 전하여 말하기를 옛적 구려 성왕聖王이 국계國界에 안행按行하다가 이 성에 이르러 오색구름이 땅을 덮은 것을 보고 구름 속을 살펴보매 중이 석장錫杖을 짚고 서 있어 가까이 가 보면 없어지고 멀리서 보면 도로 보였다. 그 곁에 토탑土塔 삼중三重이 있어 위에는 가마솥 덮은 것 같아서 무엇인지 알 수 없고 다시 가서 중을 찾으니 다만 황초荒草뿐이었다. 한 길을 파서 지팡이와 신을 얻고 또 파서 명銘을 얻으니 위에 범서梵書가 적혀 있는데 시신侍臣이 알아보고 불탑이라 하였다. 왕이 자세히 물으니 대답하기를 한漢나라에 있었으니 이것을 포도왕蒲圖王이라 하나이다. 인하여 신심信心이 나서 목탑 칠중木塔七重을 만들었더니 그 뒤에 불법이 처음 들어오자 비로소 시말을 자세히 알았고 지금 다시 그 높이를 주렸더니 목탑이 썩어 무너져 버렸다. 육왕育王의 통일한 염부제주閻浮提洲에 곳곳에 탑을 세운 것이 괴이할 것이 없다.

—「탑상」편, 〈요동성 육왕탑〉조 부분

또한 일연은 가야에도 이와 비슷한 유적이 있음을 들어 불국토사상이 고구려, 백제, 신라 삼국만이 아니라 가야까지, 그러니까 한반도 전체에 퍼져 있었음을 보여 주고 있다.

금관호계사金官虎溪寺에 파사석탑婆娑石塔은 옛적에 이 읍이 금관국이 되었을 때 세조 수로왕의 비인 허황후 황옥黃玉이 동한東漢 건무建武 24년 갑신甲申에 서역 아유타국阿踰陀國에서 타고 온 것이다. (중략) 수로왕이 맞아들여 같이 나라를 다스리기 150여 년이었다. 그러나 그때 해동에 절을 짓고 불법을 바뜨는 일이 없으니 대개 상교像敎가 이르지 못해서 토인土人이 신복信伏하지 않음이었다. 그러므로 본기에 창사創寺한 글이 없더니 제8대 질지왕銍知王 2년 임진壬辰에 이르러 그곳에 절을 두고 또 왕후사王后寺를 지어 지금까지 복을 바뜰고 겸兼하여 남왜南倭까지 진압하였으니 본국본기本國本記에 자세히 적혀 있다.

—「탑상」편, 〈금관성 파사석탑〉조 부분

4세기 후반, 불교가 한반도에 전래될 때 고구려와 백제에서는 순탄하게 받아들여졌지만 신라의 경우에는 그렇지 못했다. 이유는 불교가 신라 토착의 고유사상으로부터 맹렬한 저항을 받았기 때문이다. 삼국에의 불교 전래를 다루고 있는 『삼국유사』 「흥법」편을 보면 고구려, 백제의 불교 수용이 각각 〈순도조려〉조, 〈난타벽제〉조의 짧막한 기사로 소개되고 있음에 비해, 신라의 경우에는 〈아도기라〉조, 〈원종흥법 염촉멸신〉조 두 군데에 걸쳐 매우 길게 서술되고 있다. 이 두 군데의 기사는 신라에서는 고구려의 전교승傳敎僧들이 여러 차례 와서 전교傳敎를 시도했으나 번번이 실패하는 등, 불교 전래가 순탄하지 못했을 뿐 아니라, 우여곡절 끝에 공인을 받게 되는 데에도 이차돈의 순교가 필요했다는 사정을 매우 상세하게 전해 주고 있다. 이렇게 초기에 완강한 저항을 보이던 신라는, 그러나 일단 불교가 수용된 이후에는 이웃 고구려나 백제보다 더 열렬하게 부처를 신봉하게 되는데, 국문학자 황패강은 '불국토사상'이라는 관점에서 이러한 사정을 설명하고 있다.

당초 불교라는 외래문화에 대한 신라인의 본능적인 반발은 려·제 2국에 비하여 그 도가 심했던 것 같다. 이는 곧, 타협치 않고서는 외래사상이 발붙임을 허락치 않는 토착한 고유사상이 깊이 뿌리박고 있었던 신라 사회의 본질을 시사하는 것도 된다. 그러나 그 뒤 불교가 신라 사회의 이념에 결코 괴리되지 않으며, 오히려 이를 체계화하고, 그 자체 사회에 대하여 구심적 역할을 담당할 수 있다고 확신하게 되자 신라인은 이질적 외래성에도 불구하고, 그 동질화 가능성에 고무되어 적극적으로 수용하였던 것이다. 오히려 기탄하던 불교 본래의 요소마저 완전히 동화하여 마침내 독자적인 민족 종교로서 재체계화할 수 있었다.

불교 수용에서 나타난 신라인의 이와 같은 태도는 독자적이며, 특색 있는 신라의 불교문화를 재래齋來케 한 원동력이 되었다. 23대 법흥왕에 이어 24대 진흥왕에 이르면 이와 같은 조짐이 뚜렷해진다. 유달리 신불심이 돈독했던 진흥왕은 스스로 명백히 밝힌 바는 없어도, 그의 치적을 미루어 불국토 건설을 국가이념으로 삼았던 것으로 보인다.

-황패강, 「신라 불교사상의 형성과 전개」, 『동양학학술강연회초』, 1979

『삼국유사』는 신라가 부처와 인연을 맺게 되는 것은 석가모니 부처 이전의 가섭불 때부터였다고 말하고 있다. 「탑상」편의 첫머리는 〈가섭불 연좌석〉조로 시작되는데 일연은 이 기사의 허두에서 '옥룡집'과 '자장전' 등 제가諸家의 전기 등을 언급하면서 과거불인 가섭불의 연좌석 이야기를 끌어내고 있다.

신라 월성月城 동쪽, 용궁 남쪽에 가섭불 연좌석이 있으니 그곳은 곧 옛적 가람의 터요 지금 황룡사는 곧 7가람七伽藍의 하나다. (중략) 연좌석은 불전 후면에 있으니 일찌기 한 번 가 보매 돌 높이는 오륙 척쯤 되고 주위는 세

아람이 될 만하여 곧게 서서 위가 펀펀하였다.

－「탑상」편, 〈가섭불 연좌석〉조 부분

이렇게 전불前佛 시대 부처인 가섭불의 연좌석을 언급한 문헌 중에는 자장의 전기로 보이는 『자장전』이 꼽히고 있는데 자장은 이후 신라의 불국토사상 정립에 주도적인 역할을 한 인물이다.

'가섭불 연좌석' 이외에도 신라에서는 '전불 시대의 절터 7곳'이 있었다는 기록이 전해지고 있다. 「흥법」편 〈아도기라〉조에서 인용된 '아도비阿道碑'의 비문에 나타난 절 7곳의 위치와 이름은 다음과 같다.

그 서울 안에 일곱 곳의 절터가 있으니 일一은 금교동金橋東 천경림天鏡林이요, 이二는 삼천기三川歧요, 삼三은 용궁남龍宮南이요, 사四는 용궁북龍宮北이요, 오五는 사천미沙川尾요, 육六은 신유림神遊林이요, 칠七은 서청전婿請田이니 모두 전부터 가람伽藍의 터이요, 법수法水가 장류長流하던 땅이라.

－「흥법」편, 〈아도기라〉조 부분

이 절터 7곳에는 흥륜사를 시작으로 약 150년의 세월에 걸쳐 차례차례 절이 건립된다. 이 7곳이 옛 절터였다는 설은, 나중에 7개의 사찰이 건립된 사실을 소급해서 '전불시절의 절터'라는 명분에 부회한 것이라고 보는 시각도 있다. 이렇게 가섭불 연좌석에서 비롯된 불연국토설은 황룡사 장륙불상, 황룡사 9층탑 등의 설화로 거듭 강조되기에 이른다.

얼마 안 되어 바다 남쪽에서 큰 배 하나가 하곡현河曲縣 사포絲浦에 닿거늘 살펴보니 첩문牒文이 있는데 이르기를 서축 아육왕西竺阿育王이 황철黃鐵 5

만7천 근斤과 황금黃金 3만 푼分을 모아서 장차 석가 삼존상을 지으려 하다가 마치지 못하고 배에 실어 바다에 띄우고 빌어 가로되 원컨대 인연因緣 있는 국토國土에 이르러 장륙존용丈六尊容이 되소서 하고 일불一佛과 이보살상二菩薩像의 모양模樣도 실었거늘 현리縣吏가 그대로 아뢰니 사자使者를 시켜 그곳 성 동쪽 깨끗한 땅을 가려서 동축사東竺寺를 세우고 그 삼존을 맞아두고 금철金鐵을 경사京師로 수입輸入하여 대건大建 6년 갑오 3월에 장륙존상丈六尊像을 잠깐 사이에 부어 만드니 무게가 3만5천7근에 황금이 1만198푼이 들었고 두 보살은 철 1만2천근과 황금 1만136푼이 들었다.

—「탑상」편, 〈황룡사 장륙〉조 부분

〈황룡사 장륙〉조는 한마디로 본지수적本地垂迹사상의 본격적인 전개라고 말할 수 있다. 이 기사는 신라가 불연국토임을 말하는 정도를 넘어, 신라야말로 천하사방에 유일한 '불연佛緣의 나라'라는 생각을 보여주기 때문이다. 이렇게 전개되던 불연국토사상은 다시 〈황룡사 9층탑〉조에서, 자장이라는 인물이 전면에 등장하면서 '호국'의 성격을 강하게 띠기에 이른다. 자장은 당나라에 유학 중에 오대산에서 문수보살을 친견하고 다시 태화지 못가에서 신인神人을 만나 호국의 방책을 듣는다. 신인이 자장에게 물었다.

어찌하여 여기 왔느뇨? 자장이 대답하기를 보리菩提를 구하러 왔다 하였다. 신인神人이 예배禮拜하며 또 묻되 너의 나라에 무슨 어려운 일이 있느뇨. 자장이 이르기를 우리 나라가 북으로 말갈靺鞨이 있고 남으로 왜인倭人이 있으며 고구려·백제 두 나라는 변경邊境을 서로 침범侵犯하고 이웃 도적들이 일어나서 백성의 고통이 된다 하였다. 신인이 이르되 지금 너의 나라는 여자가 임금이 된지라 덕은 있으나 위엄이 없는 까닭에 인국隣國이 해害하려 하니 속히 본국으로 돌아가라 하였다. 자장이 묻기를 고향으로 가서어찌하면 이익이 있으리요 하니 신인이 이르되 황룡사 호법룡護法龍은 나의 장자長子라 범왕梵王의 명을 받고 그 절을 지키는 것이니 본국에 돌아가서 그 절에 9층탑을 모으면 인국隣國이 항복하고 구한九韓이 와서 조공朝貢하여 왕조가 길이 평안할 것이요, 탑을 세운 뒤에 팔관회八關會를 베풀고죄인을 사赦하면 외적이 해하지 못할 것이며 다시 나를 위하여 경기京畿 남쪽에 한 정려精廬를 짓고 함께 나의 복을 빌면 나도 또한 덕을 갚으리라 하고 말을 마치며 옥玉을 바뜰어 올리고 홀연 간 곳이 없었다.

－「탑상」편, 〈황룡사 9층탑〉조 부분

정관貞觀 17년 계묘(643) 16일에 자장은 당나라 황제가 준 불경·불상·가사袈裟·폐백 등을 가지고 본국으로 돌아와서, 탑 세울 일을 임금에게 아뢰자 선덕왕이 여러 신하들과 이 일을 의논했다. 신하들은 "백제에서 공장工匠을 청해 데려와야 되겠습니다."라고 말하여, 보물과 비단을 가지고 백제에 가서 청해 오게 했다. 이리하여 아비지阿非知라고 하는 공장이 명을 받고 와서 나무와 돌을 재고, 이간伊干 용춘龍春(혹은 용수龍樹)이 소장小匠 200명을 거느리고 그 역사役事를 주관하였다. 황룡사 9층탑이 완공되자 신라 조정은 황룡사 장륙상과 진평왕의 천사옥대와 함께 신라 삼보로 삼기에 이르렀다.

이렇게 신라 불국토설은 자장과 밀접하게 연관되어 있다는 것이 통설인데 이와 관련하여 「탑상」편 〈황룡사 9층탑〉조 마지막 부분에는 우리나라의 이름난 학자 안홍安弘이 지었다는 『동도성립기東都成立記』라는 책의 한 구절을 소개하는 대목이 있다.

신라 제27대에 여자가 임금이 되매 도道는 있어도 위엄이 없어서 구한九韓

이 침노하니 만일 용궁남龍宮南 황룡사에 9층탑을 세우면 인국隣國의 재해

를 막을 것이라 하니, 제1층은 일본이요 제2층은 중화中華요 제3층은 오월

吳越이요 제4층은 탁라托羅요 제5층은 응유鷹遊요 제6층은 말갈靺鞨이요 제

7층은 단국丹國이요 제8층은 여적女狄이요 제9층은 예맥穢貊이라 하였다.

ㅡ「탑상」편, 〈황룡사 9층탑〉조 부분

신라 초기 불교사를 연구해 온 역사학자 신종원은 신라 불국토설의
원조元祖로 안홍을 주목했다. 신종원은 『해동고승전』에 나오는 안함安含
을 안홍으로 보고 있는데, 안홍은 수隋나라에 가서 법을 구한 후, 호승胡
僧 비마라진체毘摩羅眞諦, 농가타農加陀와 같이 귀국했다. 신종원은 「흥법」
편의 〈동경 흥륜사 금당 10성〉조에 10성 중의 한 사람으로 꼽히기도 했
던 안홍이 『동도성립기』를 짓는 등 자장에 앞서 신라 불국토설을 주창했
으며 자장은 이를 계승·발전시켰다고 보고 있다. 다시 말해 안홍의 설에
논리를 부여하고 그것을 실천에 옮긴 사람은 바로 자장이라는 것이다.
 거기에다 자장을 신라 불국토설의 주인공으로 꼽아야 할 이유는 또
있다. 자장은 말년에 서라벌을 떠나서 태백산, 오대산 등지에서 지낸 것
으로 알려져 있다. 자장이 문수보살의 자취를 쫓아 신라 북방 변경 지역
을 헤매었던 일은 「의해」편 〈자장정률〉조의 말미에 나와 있는 대로다.
그러나 자장은 당나라 유학에서 돌아왔을 때 이미 신라의 북방 지역에
당나라의 문수성지인 오대산을 본떠 문수보살의 상주처로 비정해 놓고
있었다. 문수보살이 신라 북쪽에 상주하고 있다는 진신주처眞身住處사상
은 오대산 일대를 성지聖地로 만들기에 이르게 된다. 이 결과 자장 사후
에도 이 일대가 문수보살뿐 아니라 여러 진신 부처들이 상주하고 있는

것으로 관념되는 것은 『삼국유사』 「탑상」편의 〈대산 오만진신〉조와 〈명주 오대산 보즐도태자 전기〉조 등에 소상하게 기록되어 있다. 이러한 진신주처사상은 이후에 신라 전역으로 확대되어 동해안 낙산에 관음 정취 두 보살이 상주한다든가, 밀양 만어산에 부처의 그림자가 머문다든가, 창원 백월산에 관음보살이 찾아와 노힐부득과 달달박박의 성불成佛을 도왔다든가 하는 설화 등에 반영되기에 이르렀던 것이다.

신라 북방 변두리 지역에서 비롯된 불연국토사상 내지 진신주처사상은 신라의 삼국통일 이후 전국적으로 퍼져나가게 되었다. 신라 쪽의 이러한 사정에 비하면, 신라 이외의 지역에서는 이러한 불연국토설을 찾기 어려우나 백제의 경우 삼국 시대 말기 무왕 때 미륵사 건립에서 그 예를 찾아볼 수 있다. 백제는 불교 전래 초기부터 불교의 진흥에 적극적이어서 왕명까지 성왕聖王, 법왕法王, 무왕武王 등 불교 이름으로 호칭한 바 있다. 특히 법왕 대에 이르러서는 살생을 금지하고 왕흥사라는 절을 건립한 데 이어 그의 아들 무왕은 국찰 격인 미륵사를 건립함으로써 미륵하생의 염원을 펼치기에 이른다.

하루는 왕이 부인을 데리고 사자사師子寺에 가다가 용화산龍華山 아래 큰 못 가에 이르니 미륵삼존彌勒三尊이 못 가운데서 나타나는지라. 대가大駕를 머무르고 공경히 예禮하니 부인이 왕에게 이르기를 이 땅에 큰 절을 세우는 것이 나의 원願이로소이다. 왕이 허락하고 지명知命에게 가서 못 메일 것을 물었더니 신력神力으로 하룻밤에 못을 메워 평지를 만들어서 미륵 삼상三像과 회전會殿·탑·낭무廊廡를 각각 세 군데에 세우고 액호額號를 미륵사라 하니 진평왕이 백공을 보내서 도와주었는데 지금까지 그 절이 있다.

—「기이」편, 〈무왕〉조 부분

미륵사는, 현재 도솔천에서 천중天衆을 상대로 설법 중인 미륵보살이 하생한다는 미륵하생경의 이념을 바탕으로 건립한 것이다. 미륵사 뒤편 용화산 위쪽에 있는 사자암은 도솔천의 미륵보살이 앉아 있는 사자좌를 상징하고, 용화산 자체는 미륵이 하생하여 그 아래에서 설법한다는 용화수龍華樹를 상징하며, 미륵사에 세워졌던 세 개의 탑과 세 곳의 회전, 탑, 낭무는 용화수 아래서 행해지는 3회의 법회를 상징하고 있다. 여기에서 미륵하생을 맞이하는 무왕 자신은 전륜성왕에 비유되고 있음을 알 수 있다. 이러한 미륵사 건립이 미륵불의 수적垂迹을 염원하고 있음으로 미루어 미륵사 건립이라는 대역사大役事의 밑바탕에서 미래불과 인연하려는 백제 불국토사상의 일면을 읽을 수 있는 것이다.

삼국유사의 구성

『삼국유사』는 그 내용으로 볼 때 역사와 불교의 두 축으로 이루어져 있다고 할 수 있는데, 삼국의 역사를 표층으로 하고 불교문화를 심층으로 하는 양면적 구성을 보이고 있다. 그러한 체제를 간단히 도식으로 나타내자면 이렇다.

| 상 | 역사편(총 2편) | 「왕력」, 「기이」 |
| 하 | 불교편(총 7편) | 「흥법」, 「탑상」, 「의해」, 「신주」, 「감통」, 「피은」, 「효선」 |

『삼국유사』를 역사서로서 말할 때 흔히 『삼국사기』와 대비시키는 경우가 많다. 이는 『삼국유사』가 제목에서부터 유사遺事임을 밝혀 『삼국사기』가 빠뜨린 것들을 수습한다는 의미를 담고 있다는 점에서 당연한 일이라고 할 수 있다. 여기에다 『삼국유사』 본문에서 『삼국사기』를 『삼국

사기』, 『국사』, 『삼국사』 등으로 호칭하고 있음에서도 『삼국유사』가 본
사本史인 『삼국사기』에 대해 보완적인 위치에 있음을 자처하고 있다고
볼 수 있다.

그러나 구성 체재에 있어서 『삼국유사』는 『삼국사기』와 완연히 다른
모습을 하고 있다. 『삼국사기』가 중국 정사를 본떠 기전체紀傳體의 체재
를 충실히 따르고 있음에 비해, 『삼국유사』는 거의 독자적이라고 할 수
있는 체재를 갖추고 있다. 『삼국유사』의 역사편에 해당하는 첫 부분인
「왕력」편과 「기이」편이, 기전체로 쓰인 『삼국사기』의 연표나 본기 등에
해당한다고 말할 수도 있겠지만, 「흥법」편 이하 나머지 7편은 오히려 역
대 고승전의 체재를 닮고 있다. 그러면서도 『삼국유사』는 고승전과는 다
른 독자적인 편목들, 예컨대 「탑상」편이나 「효선」편 등을 싣고 있어 고
승전과도 구분되는 차별성을 보여 주고 있다.

『삼국유사』의 체재를 말할 때 흔히 5권 9편으로 구성되어 있다고 말
한다. 이는 중종 임신년 간본을 기준으로 삼은 것으로, 임신년 간본에서
는 '권'과 '편'의 표기에 일관성이 없고 누락된 부분도 있다. 최남선은
『신정 삼국유사』에서 이 부분을 정리하여 간추려 놓고 있는데, 중종 임
신년 간본의 목차를 학계에서 통설로 받아들여지고 있는 최남선의 그것
과 비교해 보면 다음과 같다.

별표의 『신정 삼국유사』 목차를 보면, '권'은 분량에 의한 구분이며,
'편'은 내용에 의한 구분임을 쉽게 알 수 있다. 그러니까 권, 편 구분이
『삼국유사』의 원칙적인 체제를 보여 주고 있는 것이다.

이 목차에서 『삼국유사』 편목들이 모두 두 글자로 되어 있음을 보게
되는데 이와 관련하여 서여 민영규는 1969년 1월호 『신동아』 부록 「한
국의 고전 100선」에 실린 『삼국유사』 해설에서 이들 편목의 명칭이 기

중종 임신년 간본		최남선의 「신정 삼국유사」	
삼국유사	왕력 제1	삼국유사 권제1	왕력 제1
	기이 제1		기이 제2
삼국유사 권제2		삼국유사 권제2	기이 제2 (계속)
삼국유사 권제3	흥법 제3	삼국유사 권제3	흥법 제3
	탑상		탑상 제4
삼국유사 권제4	의해 제5	삼국유사 권제4	의해 제5
삼국유사 권제5	신주 제6	삼국유사 권제5	신주 제6
	감통 제7		감통 제7
	피은 제8		피은 제8
	효선 제9		효선 제9

부적으로 중국의 역대 고승전의 선례를 표방하고 있다고 말하고 있다. 예컨대 「흥법」, 「탑상」, 「의해」, 「신주」, 「감통」, 「피은」, 「효선」 등의 명칭이 중국 양梁, 당唐, 송宋의 고승전에서 이미 쓰였던 제목들이라는 것이다. 당 고승전의 편목들인 「역경」, 「의해」, 「습선」, 「명률」, 「호법」, 「감통」, 「유신」, 「독송」, 「흥복」, 「잡과」 중에서 「의해」, 「감통」을 그대로 쓰고 있고, 여기에 고려 후기 송宋에서 새로운 체재로 편찬된 승전들에서 쓰인 「탑묘」, 「순속」 등의 편목을 『삼국유사』에서는 「탑상」, 「효선」 등으로 바꾸었다고 보면 일면 수긍이 가기도 한다. 일연은 『삼국유사』의 목차를 구성하면서 역대 고승전의 편목들 앞에다 「왕력」, 「기이」 등 역사 관련 편목을 보탰다고 볼 수 있는 측면도 있다.

편목

왕력

「왕력」편은 기술 방식이나 그 내용에 있어 다른 여러 편목과는 많은 차이를 보이고 있다. 편목의 내용이 본격 기사라기보다 일반 사서史書들의 연표에 해당하는 내용으로 구성되어 있기 때문이다. 그러나 「왕력」편에는 일반 사서들의 연표에는 없는 독특한 내용들이 포함되어 있어 『삼국유사』 나름의 특성을 보여 주고 있다.

예를 들면 왕들의 이름을 기술할 때 『삼국사기』에서 전하는 것 외의 다른 이름들을 수록하고 있는가 하면, 왕의 부모와 왕비의 이름도 기록하고 있으며 즉위 연도와 재위 연수, 시호 그리고 국호와 국도国都 관련 기사들도 수록하고 있다. 「왕력」편의 각 나라별 첫 기사들을 살펴보면 다음과 같다.

신라

제1 혁거세赫居世. 성은 박朴이요, 알에서 났다. 나이 13세 되는 갑자甲子에 즉위하여 60년을 다스리었다. 비妃는 미아이영徙娥伊英·아영娥英이다. 국호를 서라벌徐羅伐 또는 서벌徐伐·사로斯盧라 하였다. 혹 계림鷄林이라 한 것은 탈해왕脫解王 때에 와서 비로소 계림이란 호號를 두었다 한다.

고구려

제1 동명왕東明王. 갑신甲申에 즉위하여 19년을 다스리었다. 성은 고高요, 이름은 주몽朱蒙이다. 일一은 추몽鄒蒙이라 하니 단군檀君의 아들이다.

백제

제1 온조왕溫祚王. 동명의 제3자子니 일一은 제2자子라고도 한다. 계묘癸卯에 즉위하여 45년을 재위하였다. 위례성慰禮城에 도읍하였으니 일一은 사천蛇川이라고 하는데 지금 직산稷山이다. 병진丙辰에 도읍을 한산漢山으로 옮겼으니 지금 광주廣州다.

가락국

일一은 가야伽耶라 하니 지금 금주金州다.

수로왕首露王. 임인壬寅 3월에 알에서 났고 그 달에 즉위하여 158년을 다스리었다. 금란金卵에서 났다 하여 성을 김金씨라 하였다. 개황력開皇曆에 실리었다.

이 밖에도 「왕력」편에는 다양한 기사들이 모여 있다. 신라의 경우 왕의 사후死後 장례방식과 왕릉의 위치 등에 관한 기록은 오늘날에 왕릉을 비정比定하는 데 많은 도움이 되고 있으며, 더러는 축성築城, 축제築堤, 율령, 대외관계 기사들도 곁들여져 있다. 그뿐 아니라 성골 왕이 통치했던 상고上古, 중고中古와 진골 왕이 통치했던 하고下古 등으로, 당시에 시대를 구분했던 방식을 알려 주기도 한다.

이러한 점으로 미루어 학자에 따라서는 「왕력」편이 단순히 연표 형식을 띤 부록이라기보다 하나의 편찬물로서 「기이」편과 보완관계에 있는 귀중한 사료라고 보는 입장도 있다. 「왕력」편에 나오는 주요 기사들을 종류별로 섞어 예를 들어 본다.

제2 남해차차웅. 아버지는 혁거세요, 어머니는 알영閼英이니 성은 박朴씨요, 비는 운제부인雲帝夫人이다. 갑자甲子에 즉위하여 20년을 다스리었다. 이 왕위를 거서간居西干이라고도 한다.

제6 지마이즐금. (전략) 이 왕 때에 음질국音質國(지금 안강安康이다.)·압량국押梁國(지금 양산梁山이다.)을 멸하였다.

제12 이해이즐금. (전략) 정묘丁卯에 즉위하여 15년을 다스리었고 비로소 구려句麗와 통빙通聘하였다.

제15 기림이즐금. (전략) 정묘년에 국호를 고쳐서 신라新羅라 하였으니 신新이란 것은 덕업德業이 날로 새롭단 말이요, 라羅란 것은 사방 백성을 망라했다는 말이다. 혹은 지증·법흥 대의 일이라 한다.

제16 걸해이즐금. (전략) 이 왕 때에 백제병百濟兵이 비로소 와서 침범하였다. 기축己丑에 비로소 벽골제碧骨提를 쌓았으니 주회周廻가 □만7천2십6 보이며 □□백6십6보요, 수전水田이 1만4천7십□이었다.

제17 나물奈勿 마립간麻立干. 일一은 □□왕이라 하니 김씨다. 아버지는 구도仇道갈문왕이니 일一은 미소왕未召王의 아우 미구 각간未仇 角干이라 하고 어머니는 휴례부인休禮夫人이니 김씨다. 병진丙辰에 즉위하여 46년을 다스리었으며 능은 첨성대 서남쪽에 있다.

제20 자비마립간. (전략) 처음 오국吳國과 통하였다. 기미년己未年에 왜국병倭國兵이 와서 침범하매 비로소 명활성을 쌓고 들어가 피하니 양주梁州 2성을 에우다가 이기지 못하고 돌아갔었다.

제27 선덕여왕. 이름은 덕만德曼이니 아버지는 진평왕이요, 어머니는 마야부인摩耶夫人 김씨이니 성골남聖骨男이 없으므로 여왕이 즉위하였다. 왕의 배필은 음갈문왕飮葛文王이니 인평갑오仁平甲午에 즉위하여 14년을 다스리었다.

이처럼 「왕력」편의 신라 관련 기사는 그 내용이 비교적 다양한 편인데 반해, 고구려와 백제 관련 기사는 그야말로 영성零星하기 짝이 없다. 고구려의 경우를 예로 들자면 최성기라고 할 수 있는 광개토왕, 장수왕 연간의 기록이 다음과 같이 단 한 줄의 기사로 표시되고 있다.

제19 광개토왕. 이름은 담덕談德이니 임진壬辰에 즉위하여 21년을 다스리었다.

제20 장수왕. 이름은 신련臣連이니 계축癸丑에 즉위하여 79년을 다스리었다. 정묘丁卯에 도읍을 평양성에 옮기었다.

백제의 경우도 마찬가지여서 멸망 직전의 마지막 세 왕을 서술하는 기사들이 단출하기 짝이 없다.

제29 법왕. 이름은 효순孝順 또는 선宣이라 하니 혜왕의 아들이다. 기미己未에 즉위하였다.

제30 무왕. 혹은 무강武康 또 헌병獻丙이라 하고 혹은 소명小名을 일기사덕一耆簁德이라 한다. 경신庚申에 즉위하여 41년을 다스리었다.

제31 의자왕. 무왕의 아들이니 신축辛丑에 즉위하여 20년을 다스리었다.

이처럼 신라를 제외하고는 치적에 관한 기록이 없이 왕명과 즉위 연도, 치세 기간 등만 기록하고 있을 뿐이어서 읽는 이의 아쉬움을 더하고 있다. 이는 물론, 일연이 고구려나 백제의 사료를 접할 수 없어서 그런 것이겠지만, 우리에게는 두 나라 관련 사료의 망실이 안타깝고 서글플 뿐이다.

기이

「기이」는 '신이神異를 기록한다.'는 뜻이다. 「기이」편은 『삼국유사』의 아홉 편목 중에서 가장 중요하고 비중이 큰 것으로, 분량은 거의 60항목에 이르며 삼국의 역사를 일사逸史(정사에 빠진 사실을 기록한 역사) 위주로 기술하고 있다.

「기이」편은 『삼국유사』 권제1과 권제2에 걸쳐 실려 있다. 권제1은 「기이」편의 첫 기사이자 『삼국유사』의 허두가 되는 '머리말[敍]'로 시작된다. 이어서 단군신화로 유명한 〈고조선〉조부터 신라 무열왕 시대의 〈장춘랑·파랑〉조까지, 길고 짧은 36개의 기사가 이어지고 있다. 권제2는 〈문무왕 법민〉조에서 시작되어 〈가락국기〉까지 23개의 기사로 이루어져 있다.

「기이」편 서술의 시대적 범위는 고조선부터 후삼국에 이르며, 고구려, 백제, 신라의 삼국 외에도 가야의 역사를 포함시키고 있다는 점에서 『삼국사기』보다 더 넓은 시야를 가지고 있다고 말할 수 있다. 「왕력」편이 정통 사서의 '연표'에 해당한다고 본다면 「기이」편은 정통 사서의 '본기本紀'에 해당한다. 그러나 『삼국유사』「기이」편의 기록과 『삼국사기』 본기의 기록은 그 성격에 있어 전혀 다르다. 이처럼 두 기록의 차이를 극명하게 드러내 주는 예의 하나로 우리는 흥덕왕 관련 기사를 들 수 있다. 『삼국유사』「기이」편 〈흥덕왕 앵무〉조의 전문은 이렇다.

제42 흥덕대왕은 보력 2년 병오丙午에 즉위하였다. 얼마 안 되어 사람이 당나라에 사신使臣 갔다가 앵무鸚鵡 한 쌍을 가지고 왔더니 오래지 않아서 암놈은 죽고 수놈이 슬피 우는지라. 왕이 사람을 시켜 거울을 앞에 걸게 하니 수놈이 거울 속에 그림자를 보고 그 짝을 얻은 것같이 여기다가 거울을 쪼고 제 그림자임을 알아서 슬피 울고 죽으니 왕이 노래를 지었다 하나 자세치 못하다.

일연은 전후 사정을 언급하지 않고 흥덕왕 시대의 기사로 이 앵무새 이야기만 달랑 싣고 있다. 아무리, 왕의 즉위년 기사가 새 한 마리에 관한 것으로 채워져 있다는 것은 이해하기 어렵다. 그러나 『삼국사기』의 기록을 차근차근 읽어 보면 이 기사의 숨은 뜻이 파악된다. 『삼국사기』 〈신라본기 흥덕왕〉조의 기사는 이렇게 시작된다.

흥덕왕이 왕위에 올랐다. 이름은 수종이었는데 나중에 경휘로 바꾸었다. 그는 헌덕왕의 동복 아우이다. 겨울 12월, 왕비 장화부인이 죽자, 정목왕후로 추봉하였다. 왕은 왕비를 잊지 못하고 슬퍼하였다. 여러 신하들이 글을 올려 다시 왕비를 맞아들이기를 요청하였으나 왕이 대답했다.
"짝을 잃은 새에게도 자기의 짝을 잃은 슬픔이 있는데, 좋은 배필을 잃고 어찌하여 무정스럽게도 바로 다시 부인을 얻겠는가?"
왕은 끝내 요청을 듣지 않고, 시녀들조차도 가까이 하지 않았다. 좌우의 심부름꾼은 오직 내시뿐이었다.

『삼국사기』도 흥덕왕 즉위년의 기사에 흥덕왕 왕비 장화부인의 죽음을 객관적으로 싣고 있을 뿐이다. 그러나 흥덕왕이 시녀들을 가까이 하지 않고 오직 내시만을 부렸다는 대목에서 죽은 장화부인에 대한 흥덕왕의 애틋한 사랑을 알 수 있다. 그리고 『삼국사기』는 그 사랑이 흥덕왕의 죽음으로써 완성되고 있음을 보여 준다. 흥덕왕이 죽은 해의 기록은 이렇다.

겨울 12월, 왕이 별세하였다. 시호를 흥덕이라 하였다. 왕의 유언에 따라
장화왕비의 능에 합장하였다.

우리는 흔히 『삼국유사』를 설명할 때 '상징과 은유' 라는 말로 표현한
다. 〈흥덕왕 앵무〉조의 기사는 바로 이러한 '상징과 은유' 의 전형적 표
현이라 할 수 있다. 『삼국사기』의 기사, 그러니까 격식에 얽매인 사관史
官이 연도별로 지루하게 나열하고 있는 사항들을, 『삼국유사』는 중국에
갔다 온 사신이 가져온 한 쌍의 앵무새에 대한 비유로 간략하게 요약하
고 있는 것이다.

『삼국유사』「기이」편의 세부 항목들을 살펴보면 정통적인 역사 서술
이라기보다 신이사의 기록에 치중하고 있다는 인상이 짙다. 말하자면
각 왕 대의 통치 사실들보다는 당대의 신이한 사실들, 다시 말해 상징물
로 사건을 요약하는 경우가 흔한 것이다. 그래서 이와 같은 『삼국유사』
의 서술 방식을 흔히 단 두 마디, '상징과 은유' 라고 일컫는 것이다.

『삼국유사』 권제2의 첫머리 〈문무왕 법민〉조 기사도 수수께끼 같은
이야기로 시작된다. 흔히 '거시조巨屍兆' 라고 부르는 그 기사는 충격적이
기까지 하다.

왕이 처음 즉위한 때는 용삭龍朔 신유辛酉였다. 사비의 남쪽 바다 가운데에
여자의 시체가 있었으니 신장이 73척이나 되고 족장이 6척이며 음장陰長이 3척
이었다. 혹은 신장이 18척이라고도 하였다. 이것은 건봉乾封 2년 정묘 때였다.

－「기이」편, 〈문무왕 법민〉조, 첫머리

문무왕은 무열왕의 뒤를 이어 즉위하여 삼국통일을 이룩한 왕이다. 그런 왕에 관한 기사를 쓰면서 첫머리에 이런 희한한 기사를 실은 것은 어떤 의미에서는 수수께끼라 할 수 있다. 「문무왕 법민조의 거시조 연구」라는 논문을 쓴 한문학자 조수학은 이 '거시조'를 '조짐'이라는 관점에서 접근하여 고려 말의 '우조禹兆'와 대비하고 있다. 소금 2백 섬을 먹고 자진했다는 고려 말의 우조禹兆가 양우陽禹에 속한다면 거시조는 음우陰禹에 속하는데, 고려 말의 우조는 흉조에 속하고 문무왕 대의 거시조는 길조에 속한다고 보고 다음과 같이 풀이하고 있는 것이다.

발생적인 면에서 양우는 천지간의 순수한 양陽의 정기가 평화로운 시대에는 공적을 세울 수 없으므로 응집되어서 심산궁곡에 숨어 있다가 세상이 어지러워지면 스스로 소금을 먹고 자진하여 그 기운이 세상에 퍼져서 영웅호걸로 태어나 공명을 떨치려 하는데 고려 말의 뭇 호걸들 가운데 이성계와 같은 이는 이 우禹의 정기 가운데서도 핵이 되는 정수精髓인지도 모른다.

이에 비하여 거시巨屍로 나타난 음우는 세상이 불안할 때에는 백제 의자왕 대의 여러 가지 망조처럼 온갖 요기妖氣로 활동하다가 세상이 평정되면 그 요기들이 응집하여 음우가 되었다고 본다. 따라서 이 음우도 어떤 심산궁곡에 살고 있을 때는 세상이 평온하겠으나 이것이 무슨 방법으로 자진하여 그 기운이 다시 세상에 퍼진다면 세상은 어지러워지고 온갖 요괴가 발동할 것이지만 여기서는 음우가 일단 시체가 되어서 바닷물에 빠졌으니 소금물 속에서 녹아 없어진다면 세상에 요기가 퍼질 수 없으므로 크게 다행한 일이라 하겠다. 그 대신 바다가 어지러워질 가능성이 있지만 당나라의 침략군이 명랑법사의 문두루文豆婁 비법에 의하여 크게 두 차례나 수몰되었으니 그로 인하여 음우의 요기도 중화되어 없어지므로 신라는 바다에까지 태평이 온다고 생각되므로 거시조는 참으로 다행한 길조吉兆라 풀이한다.

-조수학, 「문무왕 법민조의 거시조 연구」, 『삼국유사 연구-상』, 민족문화연구소, 1983

그런가 하면 신라 제54대 〈경명왕〉조를 보면 경명왕 대의 치세에 관한 기록보다는 당시 주요 사찰에서 발생한 신이사들을 기록하여 신라 패망의 징조를 보여 주고 있다.

제54 경명왕 때 정명貞明 5년 무인戊寅에 사천왕사 벽에 그린 개가 울으므로 설경說經하고 3일을 빌었더니 반일半日을 또 울었다. 7년 경진庚辰 2월에 황룡사 탑 그림자가 금모사지今毛舍知의 집 뜰에 한 달 동안이나 거꾸로 섰었다. 또 10월에 사천왕사 오방신이 활줄을 모두 끊었고, 벽에 그린 개가 뜰로 나왔다가 벽으로 다시 들어갔었다.

-「기이」편, 〈경명왕〉조

일연이 〈경명왕〉조를 이렇게 신이사들로 채우고 있는 데에는 나름대로 이유가 있는 것으로 보인다. 경명왕은 신라 최후의 왕인 경순왕보다 2대 앞서는 왕이다. 경명왕 다음이 경애왕으로 경애왕 때에 후백제 견훤이 신라 수도 서라벌을 침략하여 포석정에서 놀고 있던 왕을 죽이고 비빈들을 겁탈한다. 그리고 견훤은 경애왕의 족제族弟가 되는 김부를 왕으로 세우는데 이가 곧 경순왕으로 신라의 마지막 왕이다. 이러한 역사에 비추어 위의 〈경명왕〉조 기사는 신라가 망하게 되는 전조前兆로서 흉조들을 모아 놓은 것으로 볼 수 있다.

흥법

「흥법」편은 전반부에서는 우리나라에 불교가 전래되어 수용되는 과정을 기술하고 있으며, 중반부에서는 신라의 불교 전래 과정에서 나타난 토착신앙의 저항과 이차돈의 순교를 기술하고 있다. 후반부에서는 백제, 고구려에서 불교가 흥하고 쇠衰하는 경위를 각각 한 편의 기사로 기술하고 있다.

「흥법」편 앞부분의 〈순도조려〉, 〈난타벽제〉, 〈아도기라〉조는 각각 고구려, 백제, 신라로의 불교 전래와 이에 따른 각국의 수용 과정을 말해주고 있다. 고구려에서는 소수림왕 2년(372)에 전진前秦에서 순도順道가 불상과 경문을 가지고 들어오고, 이어서 진晋에서 아도가 들어와 불교가 자리를 잡게 된다. 일연은 고구려에 불교가 들어오는 광경을 〈순도조려〉조의 기사 뒤에 붙인 찬시讚詩로 읊고 있는데, 불교의 전래가 순탄했던 만큼 이 시詩는 매우 평화스러운 느낌을 주고 있다.

압록강 봄도 깊어 물가 풀도 고을시고
흰 모래밭 백구 백로 한가로이 조은다오
저 멀리 들려오는 노 소리에 놀라 깨니
어드매 고깃밴고 안개 속에 손님 왔네

─이상호 역

백제로의 불교 전래는 고구려의 경우와는 다른 경로를 통하는데, 385년 동진東晋으로부터 마라난타摩羅難陀가 와서 한산주에 절을 짓고 중 10명을 두게 된 사실이 〈난타벽제〉조에 간략하게 기록되어 있다.

백제본기百濟本記에 이르기를 제15 침류왕枕流王이 즉위한 갑신에 호승胡僧 마라난타가 진나라로부터 오매 궁중에 맞아두고 예경禮敬하였으며 을유에 신도新都 한산주에 절을 세우고 도승度僧 10인을 두니 이것이 백제 불법의 시초이었다.

신라의 경우에는 불교 전래가, 고구려나 백제의 경우처럼 순탄하지 않았다. 고구려를 거쳐 온 것으로 보이는 묵호자 또는 아도가 몇 차례의 시도 끝에 신라 궁중까지 접근하지만 토착신앙의 저항에 부딪친다. 그 이후에 우여곡절을 겪다가 법흥왕 대에 이르러서야 이차돈의 순교로 어렵사리 불교가 공인되는데, 이 과정이 〈원종흥법·염촉멸신〉조에 소상하게 기록되어 있다.

옛저에 법흥대왕이 자구전紫極殿에서 정사할 때에 부상扶桑 지경을 부찰俯察하고 말하기를 옛적에 한漢나라 명제明帝가 꿈에 감동되어 불법이 동방으로 유행되었는데 내가 즉위하므로부터 창생蒼生을 위하여 복을 닦고 죄를 업샐 곳을 만들고자 하노라 하니 조신朝臣들이 그 깊은 뜻을 알지 못하여 나라 다스리는 대의만 좇고 절 세우는 신략神略을 좇지 않으니 대왕이 탄식해 가로되 슬프다 내가 덕이 없이 대업을 이어 위로 음양의 조화를 상傷하고 아래로 백성들의 즐거움이 없게 됨으로 정사하는 틈에 불교에 마음을 두나 누구와 가치 하랴 하니 내양자內養者가 있는데 성은 박씨요 자字는 염촉厭觸이니 그 아버지는 자세치 못하고 조祖는 아진종阿珍宗인데 습빈習寶 갈문왕葛文王의 아들이라 바탕은 죽백竹栢 같고 뜻은 수경水鏡 같으며 적선積善한 이의 증손曾孫으로 궁내에 조아爪牙가 될 만하고 성조聖朝의 충신으로 태평성시의 시신侍臣이 될 만하니 나이 22세에 사인舍人 벼슬을 하여 용안龍顔을 첨앙瞻仰함에 정情을 알아 눈에 들게 되었다. 염촉이 아뢰기를 신은 들으매 고인古人이 계책計策을 추요芻蕘에게 물었다 하니 위죄危罪로 계자啓諮하기를 원하나이다. 왕이 말하되 너의 할 것은 아니라. 사인舍人이 아뢰기를 나라를 위하여 몸을 업새는 것은 신하의 대절大節이요 임금을 위하여 생명을 다하는 것은 백성의 직의直義이니 그릇 말을 전한 죄로 신의 머리를 베면 만민이 모두 복종하여 감히 교敎를 어기지 못하리이다. 왕이 말하기를 살을 깎고 몸을 저울질하더라도 장차 일조一鳥를 속贖할 것이요 피를 뿌리고 명命을 꺾더라도 스스로 칠수七獸를 불쌍히 여길 것이니 짐朕의 뜻이 사람에게 이롭게 하고자 하는데 어찌 무죄한 사람을 죽이리요. 네가 비록 공덕功德을 짓더라도 죄를 피하는 것만 못하다. 사인이 아뢰기를 일체의 버리기 어려운 것이 신명身命보다 더한 것이 없으나 소신이 저녁에 죽으면 대교大敎가 아침에 행하여 불일佛日이 두 번째 중천中天에 뜨고 성주聖主가 길이 편안하시리이다. 왕이 가로되 난봉鸞鳳은 어려서부터 능소凌霄할 마음이 있고 홍곡鴻鵠은 나면서부터 절파截波할 형세形勢를 품나니 네가 이와 같으매 대사大士의 행실이라 이를 만하다 하고 이에 대왕이 권도權道로 위의威儀를 갖추니 동서에 풍도風刀가 있고 남북에 상장霜仗이 있다. 군신을 불러 묻되 경등卿等이 내가 정사精舍를 지으려 하는데 어찌 듣지 않는가 하니 이에 군신이 전전긍긍하여 급히 맹서하며 손으로 동서를 가르치는지라. 왕이 사인을 불러 힐문하니 사인이 실색하여 대답하지 못하거늘 대왕이 노하여 죽이라 하니 유사有司가 묶어 아하衙下에 이르매 사인이 서誓를 짓는지라 옥리가 죽이니 흰 젖이 한 길이나 솟아나오고 하늘이 캄캄하여 저녁 빛이 어두워지고 땅이 진동하며 우화雨花가 떨어지니 임금은 슬퍼하여 눈물이 용포龍袍를 적시고 재상은 근심하여 땀이 선면蟬冕에 흘렀으며 감천甘泉이 홀연히 말라서 어별魚鼈이 다투어 뛰고 직목直木이 불어지니 원승이가 떼를 지어 울었다. 동궁에서 수레를 가치 탔던 벗은 피눈물로 서로 보고 월정月庭에서 놀던 벗은 창자가 끊치는 듯이 석별惜別하니 관棺을 바라보고 소리쳐 울어서 부모가 죽은 것같이 하였다.

-「흥법」편, 〈원종흥법·염촉멸신〉조 부분

「흥법」편 후반부의 〈법왕금살〉조, 〈보장봉로·보덕이암〉조는 백제, 고구려에서 불교가 흥하고 쇠하는 경위를 에피소드 형식으로 소개하고 있다. 〈법왕금살〉조는 백제 29대 법왕이 살생을 금지시킨 사실을 서술하고 있으며, 〈보장봉로·보덕이암〉조에서는 고구려 말기 보장왕 대에 고승 보덕이 연개소문의 도교진흥책에 반대하여 절을 옮기는 과정에서 절 자체를 공중에 날려 보낸다는, 믿기 어려운 신이사를 이렇게 묘사하고 있다.

보장왕寶藏王이 즉위하매 또한 삼교三敎를 병흥倂興시키려 하되 마침 총상寵相 개소문蓋蘇文이 왕에게 아뢰기를 유도儒道와 불도佛道는 함께 성하였으나 황관黃冠은 미약하다 하여 당唐나라에 특사特使를 보내어 도교道敎를 구하게 하였다. 그때에 보덕화상普德和尙이 반룡사盤龍寺에 있어 좌도左道가 정도正道에 짝하면 국조國祚가 위태할 것을 걱정하여 여러 번 간諫하여도 듣지 아니하매 이에 신력神力으로 방장方丈을 날려 남쪽으로 완산주完山州 고대산孤大山에 옮기고 사니 곧 영휘永徽 원년 경술庚戌 6월이다. 얼마 아니 되어 나라가 망하였으니 지금 경복사景福寺에 날라온 방장이 이것이라 한다.

-「흥법」편, 〈보장봉로 보덕이암〉조 부분

탑상

「탑상」편은 『삼국유사』에서 가장 특이한 편목에 속한다고 할 수 있다. 「탑상」편을 구성하고 있는 30항목들은 '불탑과 불상'에 관한 기록들이다. 탑상에 관한 기록은 『삼국유사』 중에 「탑상」뿐만 아니라 「흥법」, 「의해」, 「신주」, 「피은」 등의 편목에 고루 분포되어 있어, 넓게 보면 『삼국유사』 전편이 탑상에 관한 기록이라고 볼 수도 있다. 그럼에도 불구하고 「탑상」편이 따로 설정된 데에 대하여 학자들은 일연 나름의 어떤 간절한 기구祈求가 있었기 때문이라고 보고 있다.

일연은 고려에 침입한 몽고군의 대대적인 약탈로 많은 불교 유적들이 파괴되는 광경을 직접 목도하였다. 이러한 끔찍한 광경을 접한 일연은 파괴된 사찰, 탑, 불상들이 민족신앙과 문화의 상징이자 구심체임을 인식하고, 불교신앙을 바탕으로 민족신앙과 문화를 다시 일으키고자 하는 간절한 기구를 「탑상」편 기사로 반영했던 것으로 보인다. 말하자면 이민족의 침입으로 야기된 초유의 탑상 훼손 사태를 맞아, 가장 영험이 많았던 탑상들을 연기설화와 함께 소개함으로써 그에 대한 신심을 높이는 한편, 탑상 조성의 중요성을 인식시키고자 기록을 남겼다는 것이다. 이 점에 관해 이기백은 이렇게 말하고 있다.

「탑상」편은 문자 그대로 불탑과 불상에 대한 기록이다. 그러나 반드시 불탑과 불상에 한하지 않고 불교적인 다른 조형물이나 예배의 대상물들, 가령 불전佛殿이나 범종, 사리, 불경 등에도 언급이 되어 있다.

-「한국고전연구」, 일조각, 74쪽

일연은 왜 『삼국유사』에 「탑상」편을 넣었을까? 우선 결론부터 말한다면 한 마디로 말해서 불교적인 조형물에 대한 신앙이 기적적인 영험을 나타냈다는 사실을 널리 알리려고 한 때문이었다. 그렇게 함으로써 불교신앙의 위대한 힘을 일반에게 널리 깨닫게 하려고 했다고 말할 수가 있다. 이 사실을 인식하는 것이야말로 이 「탑상」편의 의의를 올바로 이해하는 것이라고 생각한다. 그리고 불교 관계 기사의 첫 번째 편으로써 그 수용과정에 대한 기록을 담은 「흥법」편 바로 뒤에 이 「탑상」편이 편입되어 있는 점도 그 목적과 관련해서 주목되지 않을 수 없다. 이것은 필시 불교 신도들이 가장 자주 접하게 되는 친근성을 이 「탑상」편이 지니고 있다는 점과 관계가 있을 것으로 믿는다.

-「한국고전연구」, 일조각, 75쪽

이기백은 또 이러한 "불교적인 조형물의 위대한 힘"을 나타낸 대표적인 예로 황룡사 9층탑을 들고 있는데, 비단 황룡사 9층탑뿐 아니라 황룡사 장륙상, 나아가서는 황룡사 자체도 아울러 꼽을 수 있을 것이다. 그리고 일연은 이들 황룡사의 조형물들에 위대한 힘을 나타나게 해 주는 유적이 또한 황룡사 터에 있음을 밝히고 있는데 「탑상」편의 첫머리 기사에 나오는 가섭불 연좌석이 바로 그것이다.

〈가섭불 연좌석〉조에 따르면, 황룡사 터는 석가모니 부처 이전의 가섭불 시대부터 절터였으며 그러한 인연으로 황룡사가 세워졌는데, 거기에 다시 장륙상과 9층탑이 세워지고, 또 황룡사 대종이 주조되었다고 한다. 이 일들은 「탑상」편의 〈황룡사 장륙〉조, 〈황룡사 9층탑〉조, 〈황룡사 종·분황사 약사·봉덕사 종〉조 등에 열거되고 있다. 그런 와중에도 특히 신라가 부처의 고향인 인도보다 부처와의 인연이 더욱 많다는 점을 과

시하고 있는데, 이 점은 앞서 인용했던 〈황룡사 장륙〉조에서 "서축 아육왕이 황철 5만7천 근과 황금 3만 푼을 모아서 장차 석가 삼존불을 지으려 하다가 마치지 못하고 배에 실어 바다에 띄우고 빌어 가로되 원컨대 인연 있는 국토에 이르러 장륙존용丈六尊容이 되소서." 했던 것이 신라 땅에 이르러서 진흥왕이 금철金鐵을 서라벌로 가져다가 "잠깐 사이에 부어 만들었다."라고 했던 데에서도 나타난다.

「탑상」편은 이 땅 곳곳에 흩어져 있는 불교 조형물들이 어떠한 영험을 지녔는지 다양한 방식으로 소개하고 설명하고 있다. 〈삼소관음 중생사〉조에서는 관음신앙을 사례별로 소개하는가 하면, 〈황룡사 종·분황사 약사·봉덕사 종〉조나 〈사불산·굴불사·만불산〉조에서는 유적을 유형별로 분류하기도 했으며, 이도 저도 아닐 때에는 백률사, 민장사, 천룡사, 영취사 하는 식으로 사찰별로 영험 사례를 열거하기도 했다.

이처럼 「탑상」편에 소개되는 기록들은 미술사적인 관점에서 볼 때는 탑과 불상 등의 조성에 관한 근거를 제시해 주기 때문에 「탑상」편은 그야말로 우리나라의 미술사, 특히 불교미술사 연구의 기본 텍스트가 되고 있기도 하다. 만일 『삼국유사』 「탑상」편의 기록들이 없었더라면 지금까지 전해 내려오는 많은 절터, 탑, 불상 등의 유래를 밝힐 수 없는 경우가 속출했을 것이며, 그리하여 이들은 미술사적으로 족보가 없는 미아 신세로 전락할 수밖에 없었을 것이다. 이 점을 생각하면 새삼 「탑상」편의 기록들이 소중하다고 말하지 않을 수 없다.

의해

　「의해」편은 신라 최초의 유학승인 원광에서부터 원효, 의상을 거쳐 대현, 법해에 이르는 승려 10여 명의 이야기와 인도로 구법여행을 떠난, 〈귀축제사〉조의 이름 없는 승려들의 이야기를 모아 놓은 것으로 일종의 '신라 고승전'이라 할 수 있다.

　「의해」편은 이 승려들의 간략한 전기를 대체로 시대 순으로 배열해 놓고 있지만 그중에는 〈보양이목〉조의 보양처럼 신라 말기에 활동했던 인물이 첫머리의 원광 다음에 놓이는 특이한 사례도 있다. 아무튼 「의해」편에서 소개되고 있는 승려들의 면면은 매우 다양하다. 「의해」편에서는 화엄종을 비롯한 다양한 종파의 승려들을 고루 소개하는 중에 일반인에게 널리 알려지지 않은 특이한 경력 또는 행적을 보이는 승려들을 소개하기도 하여 독자들에게 쏠쏠하게 읽는 재미를 선사하기도 한다. 그중에서 뛰어난 공예기술로 많은 작품을 남긴 '양지'라는 승려의 전기를 일부 옮겨 본다.

　중 양지良志는 조선祖先과 향읍鄕邑이 자세치 않고 오직 선덕왕 때에 사적事蹟이 나타났다. 석장錫杖에 한 포대를 걸었더니 석장이 제절로 날라가 시주하는 집에 떨어져 울리매 그 집에서 알고 재비齋費를 담으니 포대가 찬 뒤에 돌아오므로 그 살던 곳을 석장사錫杖寺라 하니 그 신이하여 헤아릴 수 없음이 모두 이와 같고 잡예雜譽에 두루 통하여 신묘한 것이 비할 데 없으며 또 필찰筆札을 잘 하였으며 영묘靈廟 장륙丈六·삼존三尊과 천왕상天王像과 전탑殿塔의 기와와 천왕사天王寺 탑 아래 팔부신장八部神將과 법림사法林寺 주불삼존主佛三尊과 좌우 금강신金剛神들을 모두 만들었고 영묘·법림法

林 두 절에 액호額號를 썼으며 또 일찍이 벽돌을 조각하여 적은 탑을 모으고 3천불을 만들어서 그 탑을 절 안에 두고 위하였다. 영묘의 장륙상을 만들 적에 입정入定하므로부터 정수正受의 대한 것으로 유식楸式을 삼으니 성중의 사녀士女들이 진흙을 다투어 날랐다.

―「의해」편, 〈양지사석〉조 부분

여기에서 양지가 만든 것으로 소개하고 있는 '천왕사 탑 아래 팔부신장'은 일찍이 일제강점기에 사천왕사 터에서 수습되었으며, 현재는 국립중앙박물관과 국립경주박물관에 전시되고 있다. 또한 2006년에 사천왕사 터에 대한 발굴작업이 새롭게 진행되면서 새로운 '팔부신장'의 파편들이 출토되고 있기도 하다. 그런가 하면 지난 1960년대와 1990년대에 행해진 경주 감은사 서탑 및 동탑의 해체 보수 과정에서 사면에 정치精緻한 사천왕상이 조각된 사리함이 수습되었는데 이 사리함을 양지가 제작했을 것이라고 보는 학자도 있다.

이렇게 양지처럼 특이한 기예를 지닌 승려 외에, 특이한 행적만으로 그 이름을 남긴 승려도 소개되고 있다. "사복이 말을 하지 않다."라는 뜻의 〈사복불언〉조가 바로 그런 경우다.

서울 만선북리萬善北里에 한 과부가 있으니 남편이 없이 태기가 있어 아이를 낳으매 12세가 되도록 말을 않고 또한 일어나지 않으니 인하여 사동蛇童이라 이름하였다. 하루는 그 어머니가 죽으니 이때 원효가 고선사高仙寺에 살다가 그 아이를 맞아 예禮하되 사복이 답배하지 않고 말하기를 그대는 내가 옛날 경을 실었던 자우牸牛가 지금 죽었으니 같이 가서 장사 지내는 것이 어떠하뇨. 원효가 허락하고 같이 집에 이르러 원효로 살수계薩授戒를 퍼게 하고 시체 앞에서 빌어 가로되, 나지 말 것이니 그 죽음이 괴롭고, 죽지 말 것이니 그 남이 괴롭도다. 사복이 이르기를 그 말이 번거롭다 하니 고쳐 가로되, 죽고 나는 것이 괴롭도다 하고 이공二公이 메고 활리산活里山 동쪽 기슭에 돌아왔었다. 원효가 말하기를 지혜호智惠虎를 지혜림智惠林 가운데 장사지내는 것이 또한 옳지 아니하뇨. 사복이 이에 게偈를 지어 가로되 "그 옛날 석가모니 부처님은 사라수 사이로 열반에 듭셨는데 지금도 역시 그 같은 자가 있어 극락세계로 편히 들어가네往昔釋迦牟尼佛 娑羅樹間入涅槃 于今亦有如彼者 欲入蓮花藏界寬"라고 하였다. 말을 마치고 모경茅莖을 뽑으니 아래에 세계가 있으되 황랑晃朗하고 청허淸虛하며 칠보난간七寶欄干에 누각이 장엄하여 인간이 아닌 듯하였다. 사복이 시체를 지고 같이 들어가니 그 땅이 홀연히 합하거늘 원효가 혼자 돌아왔다. 뒷사람이 그를 위하여 금강산 동남쪽에 절을 세우고 도량사道場寺라 하였다. 해마다 3월 14일에 점찰회占察會를 행하는 것이 항규恒規가 되니 사복의 세상에 응한 것이 다만 이것 뿐인데 이언俚諺에 많이 황당한 말로 칭탁하니 웃을 일이다.

–「의해」편, 〈사복불언〉조 전문

「의해」편에서 발견되는 한 가지 재미있는 사실은 일연이 여러 승려들의 이름 앞에 붙이고 있는 호칭이 각각 다르다는 점이다. 예컨대 원광을 비롯한 대부분의 승려 이름 앞에는 '석釋' 아무개라고 해서 '중'으로 호칭하고 있지만, 자장에게는 '대덕大德', 원효에게는 '성사聖師', 의상에게는 '법사法師' 등의 호칭을 따로 붙여 여타 승려들과 다른 대접을 하고 있는 점이 눈에 띈다.

신주

「신주」편은 〈밀본최사〉, 〈혜통항룡〉, 〈명랑신인〉 등의 세 항목으로 단출하게 구성되어 있는데, 밀교의 신이승에 관한 기술이라고 볼 수 있다. 밀교 관련 기록은 『삼국유사』 전편에 산재해 있지만 「신주」편의 세 기사가 성글게나마 밀교 전통의 흐름을 보여 주고 있다. 초기 밀교는 주술에 의한 치병에 치중했던 것으로 보이는 바 〈밀본최사〉조와 〈혜통항룡〉조에 이에 관한 기록이 있다.

또 승상丞相 김양도金良圖가 어렸을 때 홀연히 입이 붙어지고 몸이 굳어 말을 못하며 사지를 쓰지 못하였다. 일찌기 큰 귀신 하나가 적은 귀신을 데리고 와서 집안의 온갖 반효盤肴를 다 먹으니 무당을 불러 제사를 지내면 떼를 지어 다투어 욕을 보이므로 양도가 비록 물리치려 하나 입으로 말을 못하는지라. 그의 아버지가 법류사法流寺 중을 청하여 와서 경經을 읽으니 큰 귀신이 적은 귀신을 시켜 철퇴로 중의 머리를 때려 땅에 엎드려지니 피를 토하고 죽었다. 수일 만에 사자使者를 보내어 밀본密本을 맞게 하였더니 사자가 돌아와 말하기를 밀본법사가 장차 오리라 하매 뭇 귀신이 듣고 모두 실색失色하였다. 적은 귀신이 말하기를 법사가 오면 장차 불리하리니 피하는 것이 좋다 하되 큰 귀신이 모만자약侮慢自若하여 가로되 무슨 걱정이 있으리요 하더니 조금 있다가 사방 대력신大力神이 모두 금갑金甲과 장극長戟을 갖추고 와서 뭇 귀신을 잡아가고 다시 무수한 천신天神이 둘러서서 기다리더니 얼마 안 되어 밀본이 이르러 경經을 아직 펴기 전에 그 병이 나아서 말이 통하고 몸이 풀리며 온갖 일을 모두 말하였다.

―「신주」편, 〈밀본최사〉조 부분

그때 당나라 공주가 병이 중하므로 고종高宗이 삼장三藏에게 구원하여 주기
를 청하니 자기를 대신하여 혜통을 천거하였다. 혜통이 교敎를 받고 별거別
居하여 백두白豆 한말을 은기銀器에 담아 놓고 주문을 외니 백두가 백갑신
병白甲神兵으로 변하여 병귀를 쫓다가 이기지 못하므로 또 흑두黑豆 한말을
금기金器에 담아 놓고 주문을 외니 흑두가. 흑갑신병黑甲神兵으로 변하였다.
두 신병을 시켜 쫓으니 홀연히 교룡蛟龍이 나와 달아나고 병이 나았었다.

−「신주」편, 〈혜통항룡〉조 부분

초기에 치병과 주술에 치중하였던 밀교는 후기로 내려오면서 왕실과
연관을 맺게 되자 호국이념을 전면에 내세우게 된다. 일연은 특히 〈명랑
신인〉조에서 신라 왕실의 후원을 받은 밀교승 명랑이 신인종神印宗이라
는 밀교 종파를 창립하여 사천왕사를 짓고, '문두루 비법'을 사용하여
당나라 군대를 물리침으로써 신라의 삼국통일에 크게 기여했음을 기록
하고 있다. 이 이야기는 「신주」편 〈명랑신인〉조 기사와 「기이」편 〈문무
왕 법민〉조에 나뉘어 실려 있다.

사師의 이름은 명랑明朗이요 자字는 국육國育이니 신라 사간沙干 재량才良의
아들이요, 어머니는 남간부인南澗夫人인데 혹은 법승랑法乘娘이라 하니 소
판蘇判 무림茂林의 아들 김씨 자장慈藏의 누이다. 아들 삼형제에, 맏은 국교
대덕國教大德이요 다음은 의안대덕義安大德이요 사는 그 끝이니 처음 그 어
머니가 꿈에 푸른 구슬을 삼키고 잉태하였다. 선덕왕 원년에 당나라에 들
어갔다가 정관貞觀 9년 을미에 돌아왔으며 총장總章 원년 무진에 당나라 장
수 이적李勣이 대병을 거느리고 신라와 함께 구려를 멸하였다. 그 뒤에 남
은 군사가 백제에 머물러 장차 신라를 치려 하더니 신라 사람이 알고 군사

를 내어 막았다. 고종이 듣고 크게 노해서 설방薛邦을 명하여 군사를 일으
켜 치려 하니 문무왕이 듣고 두려워하여 사를 청해서 비법秘法을 열어 빌게
하니 이로 인하여 신인종의 조祖를 삼았다.

-「신주」편, 〈명랑신인〉조 부분

이때에 당나라 유병과 여러 장병들이 유진留鎭하고 있어 장차 우리를 엄습
하고자 하는 자가 있다 하므로 왕이 깨닫고 발병하였다. 명년에 고종이 인
문仁問 등을 불러 꾸짖되 너희들이 우리 군사를 청하여 구려句麗를 멸하고서
어찌 도리어 우리를 해하느냐 하며 곧 옥에 가두고 군사 50만을 조련하여
설방薛邦으로 장수를 삼아서 신라를 치려 하니 이때 의상사義相師가 서西으
로 당나라에 가서 배울새 인문을 찾았더니 인문이 사유를 말하고 같이 돌아
와서 상에게 아뢰니 상이 심히 꺼리어서 신하들을 모으고 막을 꾀를 물으니
각간 김천존金天尊이 말하기를 근래에 명랑법사가 용궁에 들어가 비법을 가
지고 왔으니 그를 청하여 물으소서. 상이 명랑을 청하여 물으니 명랑이 아
뢰되 낭산 남쪽에 신유림神遊林이 있으니 그곳에 사천왕사를 세우고 도량을
개설하는 것이 옳다 하였다. 이때에 정주사자貞州使者가 달려와 보報하되 당
나라 군사가 무수히 우리 지경에 와서 바다 위에 돌아다닌다 하거늘 왕이
명랑을 불러서 말하되 일이 이미 핍박하였으니 어찌하랴. 명랑이 아뢰되 채
백彩帛으로 절을 가구假構하소서 하거늘 왕이 그 말을 좇아 채백으로 절을
꾸미고 풀로 오방신상五方神像을 만들어 유가瑜珈명승 12원에 명랑으로 상수
를 삼고 문두루 비밀의 법을 지으니 이때 당나라와 신라가 싸움을 시작하기
도 전에 바람과 물결이 일어나 당나라 배가 모두 물에 빠져버렸다. 그 뒤에
절을 고쳐 짓고 사천왕사라 해서 지금까지 단석壇席이 끊이지 아니하였다.

-「기이」편, 〈문무왕 법민〉조 부분

이를 계기로 하여 밀교 종파인 신인종은 호국護国의 성격을 강하게 띠게 되고, 왕실과 밀접한 관계를 유지하면서 국방에도 일정한 기여를 하게 된다. 이러한 전통은 명랑 이후에도 계속되어, 신인종 승려 안혜, 낭륭은 김유신, 김의원, 김술종 등 장군들과 함께 발원하여 원원사를 세웠으며 안혜, 낭륭의 후예인 광학과 대연은 고려 태조가 나라를 세울 때에 비법을 써서 해적을 진압하기도 하여 신인종의 영향력은 고려 때까지 이어지게 된다.

감통

「감통」편은 신앙 사례 모음집이라고 부를 만하다. 가난한 여승이 선도산 신모神母의 도움으로 불전을 수리한다든지, 계집종이 지극한 믿음으로 서방 극락에 간다든지, 불경을 이룩하려다가 미처 끝내지 못하고 저승에 간 승려가 염라대왕의 도움으로 환생을 한다든지 하는 영험을 기술한 글들이 모아져 있다. 그런가 하면 고승이 평범한 백성의 도움으로 병이 낫고 깨우침을 얻는다든가, 호랑이와 사랑을 나눈 화랑이 출세한다든가 하는 이야기도 있다.

경덕왕 때에 강주康州의 선사善士 수십 인이 불법을 구하려 하여 주경州境에 미타사彌陀寺를 세우고 만일계萬日契를 하더니 그때 아간阿干 귀진貴珍의 집에 욱면郁面이라 하는 한 계집종이 있어 그 주인을 따라 절에 왔다가 뜰에 서서 중을 따라 염불하니 주인이 제 직책 아님을 미워하여 매양 곡식 두 섬을 주고 하룻밤에 다 찧으라 하니 종이 초저녁에 다 찧고 또 절에 가서 염불하기를 게을리 아니하여 뜰 좌우에 긴 나무를 세우고 노끈으로 두 손바닥을 꿰어서 나무 위에 매어 합장하고 좌우 사람에게 흔들어 격려해 달라 하더니 공중에서 불러 가로되 욱면랑郁面娘은 당堂에 들어가 염불하라 하니 사람들이 듣고 종을 권하여 당에 들어가 전례대로 정진하게 하였다. 얼마 안 되어 서쪽 하늘에서 풍류 소리가 나더니 종이 몸을 솟아 지붕을 뚫고 서쪽으로 행하여 교외에 이르러 뼈를 버리고 진신眞身으로 변하여 연대蓮臺에 앉아서 크게 방광放光하고 천천히 가니 풍류 소리가 공중에서 끊이지 않았으며 그 집에 지금까지 뚫고 나간 구멍이 있다.

―「감통」편, 〈욱면비 염불서승〉조 부분

이처럼 지극한 신앙으로 승천하는 사례가 있는가 하면, 거꾸로 자만에 빠진 고승이나 왕을 야유하며 일깨우는 일화도 있다. 고승 대덕이 이름 없는 여승의 덕에 병을 고치는가 하면, 허름한 옷차림을 한 거사의 깨우침에 국왕이 무안을 당하기도 한다.

경흥憬興이 어느 날 왕궁에 들어가려 하매 따른 자가 먼저 동문 밖에서 안기鞍騎와 안립鞍笠을 화려하게 차렸으므로 행인들이 위하여 길을 비키었다. 한 거사居士가 모양이 추솔하여 지팡이를 끌며 광주리를 지고 와서 하마대下馬臺 위에 쉬거늘 광주리 속을 보니 건어가 들었는지라. 종자從者가 꾸짖어 가로되, 네가 중의 행색으로 어찌 더러운 물건을 졌느냐. 중이 가로되 산 고기를 두 다리 사이에 끼는 것보다는 등에 삼시三市의 마른 고기를 진 것이 무엇이 혐의스러우랴. 말을 마치고 일어나 갔었다. 경흥이 문에 나오다가 그 말을 듣고 사람을 시켜 쫓아가 보게 하니 남산 문수사文殊寺 문 밖에 이르러 광주리를 던지고 숨었는데 그의 지팡이는 문수상文殊像 앞에 있고 마른고기는 곧 솔 꺼풀이었다. 사람이 돌아와 그대로 고하니 경흥이 듣고 탄식하기를 대성大聖이 와서 내가 말 탄 것을 경계함이라 하고 종신토록 다시는 말을 타지 않았다.

—「감통」편, 〈경흥우성〉조 부분

효소왕孝昭王이 즉위하여 비로소 망덕사望德寺를 세워 장차 당실唐室에 복을 바뜨려 하였다. 그 뒤 경덕왕景德王 14년에 망덕사의 탑이 떨며 움직이더니 이 해에 안사安史의 난리가 난지라. 신라 사람들이 이르기를 당실을 위하여 이 절을 세웠으니 그 감응함이 마땅하다 하였다. 8년 정유丁酉에 낙성회를 열고 왕이 친히 가서 공양하더니 한 중이 소루疎陋한 모양으로 뜰에 꾸부리고 서서 청하되 빈도貧道도 또한 재齋하기를 바라나이다. 왕이 말석에 참예함을 허락하여 제가 파할 때에 왕이 희롱하여 가로되, 석장錫杖을 어느 곳에 머물렀느뇨. 중이 가로되, 비파암琵琶嵒이니이다. 왕이 가로되, 가는 길에 다른 사람에게 국왕이 친히 공양하는 재를 받았다 말하지 말라. 중이 웃고 대답하되, 폐하도 또한 진신眞身 석가를 공양했다고 남에게 말하지 말으소서. 말을 마치고 몸을 솟아 공중에 떠서 남쪽으로 가니 왕이 놀라고 부끄러워 빨리 동강東岡에 올라, 가는 곳을 향하여 멀리 예禮하고 사람을 시켜 찾으니 남산 참성곡參星谷에 이르러 지팽이와 바리때를 놓고 숨었거늘 그 사람이 와서 복명復命하니 인하여 석가사釋迦寺를 비파암 아래에 세우며 불무사佛無寺를 자취 사라진 곳에 세우고 지팽이와 바리때를 나누어 두었더니 두 절은 지금도 있고 지팽이와 바리때는 없어졌다.

—「감통」편, 〈진신수공〉조 부분

일연이 이런 사례들을 통해 말하고자 한 바는, 정성을 다하는 믿음에는 하늘의 감응이 있다는 점일 것이다. 비슬산에서 몽고군의 침입을 피하면서 문수보살의 감응을 직접 경험하기도 했던 일연에게 이러한 사례는 자연스러운 종교현상으로 이해되었고, 그러한 감통感通을 두루 전하기 위해 쓰인 것이 바로 「감통」편이라고 할 수 있다.

피은

충렬왕 4년에 일연이 노모를 모시고자 하향하여 운문사雲門寺 주지로 있을 때, 충렬왕은 일연에게 다음과 같은 시詩를 지어 보냈다.

밀전密傳함에 어찌 구의摳衣를 필요必要하랴?
(깊은 뜻을 전하는 데 어찌 옷 걷어 올릴 필요 있겠는지요?)
금지金地서 서로 만난 일이 기이奇異할 뿐일새
연공連公도 왕의 청請으로 궐내闕內로 갔거늘
스님은 어찌 백운白雲만 그리십니까?

한 나라의 통치자가 산림으로 돌아가려는 승려 한 사람을 붙잡지 못해 토해 내는 이러한 원망怨望에서, 왕이라 할지라도 어찌할 수 없는 안타까움을 읽을 수 있다. 충렬왕뿐 아니라 역대 왕들에게서 존경을 받았던 일연이 왕경王京의 번잡스러움을 피해 산림에 묻혀 지내기를 원했다는 흔적은 곳곳에서 발견된다. 일연 자신의 그러한 심정이 반영된 편목이 아마도 「피은」편이라고 할 수 있을 것이다. 독실한 수행자였던 일연은 몽고군이 국토를 유린할 때에도 비슬산에 머물면서 백성들과 고락을 같이했다. 그렇게 고난의 세월을 견디면서, 그보다 훨씬 전에 세상을 피해 산에 들어와 꿈길에서도 세속으로 가지 않았던 관기와 도성 두 성인의 행적을 기록했는데, 이 기록은 실로 일연 자신의 수행 경험에서 우러난 이야기일지도 모른다.

신라 때에 관기觀機와 도성道成 두 성사聖師가 있었으니 어떤 사람인지는 알 수 없다. 포산包山에 같이 숨어서 관기의 암자는 남령南嶺에 있고 도성의 사는 곳은 북혈北穴에 있어서 상거相距가 10리쯤 되매 구름을 헤치고 달에 회파람 불어 매양 서로 찾아다니었다. 도성이 관기를 부르려 하면 산중 나무가 모두 남쪽으로 구부러져서 서로 맞는 것 같으니 관기가 그것을 보고 갔으며, 관기가 도성을 맞으려 하면 또 그와 같이 모두 북쪽으로 구부리니 도성이 그것을 보고 와서 이같이 한 지 오래였었다. 도성이 사는 집 뒤 높은 바위 위에 항상 조용히 앉았다가 어느 날 바위틈으로 빠져 나가서 전신이 공중으로 날라가 버리니 간 곳을 알지 못하였다. 혹은 이르기를 수창군壽昌郡에 이르러 죽으니 관기도 또한 뒤를 따라 죽었다 한다.

–「피은」편, 〈포산이성〉조 부분

'피은'이라는 말에는 "무언가를 피해서 숨어 산다."라는 소극적인 뜻도 있지만, "번잡한 세상살이를 벗어나서 초야 또는 산림으로 돌아간다."라는 적극적인 뜻도 들어 있다고 볼 수 있다. 일연은 선불장에 나아가 승과에 응시하여 상상과에 합격한 후 비슬산으로 자리를 옮겨 선관禪觀을 닦으면서 10여 년을 보냈다. 그리고 1249년에는 정안鄭晏의 초청으로 남해 정림사로, 1261년에는 강화 선월사로 옮겨 다니다가, 1264년에 남쪽으로 돌아가게 되어 오어사를 거쳐 다시 비슬산 기슭의 인홍사에 주석駐錫

하게 된다. 비슬산에 두 번째로 자리를 잡게 되는 것이다. 비슬산은 왕경의 번잡스러움을 떠나 피은할 수 있는 그런 곳으로 일연이 항상 마음에 두고 있었던 곳이 아니었나 싶다. 그렇게 일연이 바라던 '피은'의 또 다른 모습을 우리는 〈혜현구정〉조에서 엿볼 수 있다.

중 혜현惠現은 백제 사람이다. 어려서 출가하여 고심苦心하고 전지專志하여 연경蓮經을 외워 업을 삼고 복을 비니 영응靈應함이 참으로 조밀調密하였고 겸하여 삼론三論을 공부해서 신명함을 통하였다. (중략) 혜현이 고요히 앉아 세념世念을 잊고 산중에서 죽으매 같이 배우던 이가 시체를 메어다가 석실 속에 두었더니 범이 유해를 먹고 다만 누설髏舌만 남아서 3년이 지나도록 혀가 오히려 붉고 연하더니 얼마 뒤에 변하여 검붉고 굳어서 돌과 같이 되니 도속道俗이 공경하여 석탑에 넣어 두었고 속세의 나이로 58이니 곧 정관貞觀 초년이었다. 혜현이 서학西學하지 아니하고 정퇴靜退하여 죽었으나 이름이 중국에까지 나서 전傳을 지어 당나라에까지 그의 성명聲名이 드러났었다.

-「피은」편, 〈혜현구정〉조 부분

"어찌 백운白雲만 그리십니까?"라는 충렬왕의 간곡한 만류에도 불구하고, 일연이 고향이 있는 남쪽으로 내려오기를 원했던 데에는, 왕경의 번잡스러움에서 벗어나고 싶었을 뿐 아니라 국존이라는 직함의 얽매임에서 자유롭고 싶었기 때문이기도 했을 것이다. 일연은 〈신충괘관〉조에서 신충이 벼슬을 버리고 서라벌을 떠나 지리산 밑에 단속사를 짓고 거기서 홀가분하게 사는 모습을 그리고 있다. 이렇게 번잡스러움이나 얽매임에서 벗어나는 것, 그것이 바로 일연 자신의 삶의 마지막 도착점이라는 것을 말하고자 했던 것은 아닐까?

「피은」편의 10개 기사를 자세히 살펴보면 기사 내용이 각양각색임을 알 수 있다. 낭지와 지통의 사제관계를 말해 주는 〈낭지승운〉조, 공명을 피한다면서 사실은 피하지 않은 연회, 혼자 석굴에서 수양하다가 삶을 마친 혜현, 두 왕에게서 총애를 받으며 높은 벼슬을 하다가 지리산 아래로 숨은 신충, 진정한 은일隱逸이었던 도성과 관기, 60여 명의 산도둑들을 한꺼번에 감회시켜 함께 산에서 산 영재, 전장에서 세운 공을 인정받지 못하여 산 속으로 들어가 버린 물계자, 어느 날 대궐을 출입하다 사라져 버린 영여, 서쪽으로 날아 간 포천산의 다섯 비구, 한결같은 염불로 서라벌 성중城中을 옥 같은 소리로 울린 무명의 스님 등. 일연은 피은의 모습을 이처럼 다양한 모습들로 그려 내고 있다.

효선

이기백의 다음 글은 아마도 「효선」편의 뜻을 가장 분명하게 설명해 주는 글일 것이다.

『삼국유사』의 9편목 중의 하나에 「효선」편이 있다. 그런데 종종 이 효선의 뜻을 잘못 이해하는 경우가 있어 왔다. 이 효선에 대해서 학문적으로 언급하는 경우에 이를 모두 효孝하는 선행, 혹은 효孝라는 선행의 뜻으로 취하고 있다. 가령 때로는 이를 '모母에 대한 효선'의 뜻으로 취하기도 하고, 또 때로는 "자식이 양친에게 정성을 다하고 순명順命하는 도道를 가리켜 효선이라고 한다."고도 하였다.

그러나 이러한 해석은 잘못된 것이다. 오히려 이미 몇몇 역주자가 올바로 지적한 바와 같이, 여기의 '효선'은 효孝와 선善의 둘을 가리킨 것이다. 효는 물론 부모에 대한 효도를 말하는 것이지만, 선은 불佛에 대한 선행 즉 신앙을 말하는 것이다. 그렇기 때문에 「효선」편의 한 조목인 〈진정사 효선 쌍미眞定師 孝善 雙美〉의 '효선 쌍미'는 곧 부모에 대한 효와 불佛에 대한 선[신앙] 둘 다가 아름답다는 뜻이 되는 것이다.

—「한국고전연구」, 일조각, 90쪽

즉, 일연은 '부모에 대한 효도[孝]'와 '부처에 대한 선행[善]', 이 둘을 합쳐서 '효선'이라고 부르고 있으며, 이 말을 「효선」편의 첫 글인 진정 스님의 이야기에 사용하고 있다. 그런데 그 제목을 그냥 '진정의 효도와 선행', 또는 '진정의 효선'이라고 하지 않고 '진정사 효선 쌍미'라고 부르고 있는 점이 이채롭다. 진정이라는 승려에게 스승 사師자를 붙여 깍듯이 공경의 뜻을 표했을 뿐 아니라, 효선이라는 말 뒤에 효도와 선행 두 가지 모두 아름답다는 뜻으로 '쌍미雙美'라는 단어를 사용하고 있는 것이다. 이 이야기는 그 자체로도 매우 감동적인데, 학자들 중에는 이 〈진정사 효선 쌍미〉조에 일연 자신의 이야기가 녹아들어 있다고 말하는 사람도 있다.

법사 진정眞定은 신라 사람이다. 백의白衣로 있을 때에 졸오卒伍가 되었더니 집이 가난하여 안해를 얻지 못하고 부역部役하는 여가에 품을 팔아서 홀어머니를 봉양하는데 가구를 모두 모아도 오직 다리 부러진 솥 1개가 있을 뿐이었다. 하루는 중이 와서 절 지을 철물을 구하거늘 그 어머니가 솥을 주었더니 얼마 안 되어 진정이 밖으로서 돌아오는지라. 어머니가 이 일을 말하고 아들의 뜻이 어떤가 근심하더니 진정이 기쁨을 얼굴에 나타내어 말하되 "불사佛事에 시주하셨으니 이보다 다행함이 없는지라. 솥이 없다 하더라도 무엇을 근심하리까." 하고 바로 와분瓦盆을 가져다가 솥을 대신하여 밥을 지어 봉양하였다. 일찌기 군사로 있었을 때 사람에게 들으니 의상법사가 태백산에서 법을 말하여 사람을 이롭게 한다 하므로 곧 사모하는 뜻이 있어 어머니에게 고해 가로되, "어머니께 효도를 다한 뒤에는 의상법사에게 가서 머리를 깎고 도를 배우겠나이다." 어머니가 말하기를 "그런 스승을 만나기 어렵고 사람은 속히 늙는 것이어늘 네가 이 어미 죽은 뒤에 간다 하니 늦지 않겠느냐. 어찌 나 죽기 전에 선생에게 가서 도를 닦음만 같으랴. 너는 주저치 말고 빨리 가라." 하니 진정이 다시 말하되 "어머니께서 만년에 오직 내가 옆에 모시고 있거늘 어찌 참아 어머니를 홀로 두고 출가하리까." 어머니가 이르되 "이 어미 까닭에 출가치 못한다면 나를 도리어 더러운 데 빠지게 하는 것이니, 비록 내 생전에 삼뢰三牢 칠정七鼎으로 봉양해도 어찌 효도라 할 수 있으랴. 내가 남의 집에 가서 의식衣食을 얻어 살더라도 또한 천년天年을 마칠 것이니 네가 어미에게 효도를 하고자 하거든 다시 이런 말을 하지 말라" 하니, 진정이 오랫동안 생각하거늘 어머니가 일어나 집에 있는 것을 모두 털어보니 쌀 일곱 되가 있는지라. 그 쌀을 모두 밥을 지어 진정에게 주며 또 이르되 "네가 가다가 밥을 지어 먹으려면 늦을 듯하니 내 앞에서 한 덩어리를 먹고 여섯 덩어리는 싸 가지고 빨리 길을 떠나라" 하니, 진정이 울면서 고사하되 "어머니를 홀로 두고 떠나는 것도 또한 아들로써 참아 못할 일이어늘 하물며 며칠 먹을 것을 다 싸가지고 가면 천지가 나를 무엇이라 이르겠나이까" 하고 세 번 사양하되, 어머니가 또한 세 번 권하는지라. 진정이 그 어머니의 뜻을 중난이 여겨서 어그러질까 하여 밤낮없이 길을 걸어 3일 만에 태백산에 이르러 의상에게 가서 머리를 깎고 제자가 되어 진정이라 이름하였다. 그 뒤 3년 만에 어머니의 부음訃音이 오니 진정이 가부跏趺하고 입정入定하였다가 7일 만에야 일어났다. 설자說 者가 이르기를 슬픈 것이 지나치면 사람이 이기지 못하는 까닭에 입정하는 것으로 물에 씻은 듯이 하였다 하며, 혹은 말하되 입정한 것으로 어머니 환 생하는 곳을 보았다 하며, 또 혹은 이르되 이것은 실리實理로 명복을 비는 것과 같다 하였다. 이미 출정出定하여 후사를 의상에게 고하니 의상이 문도 를 데리고 소백산 추동錐洞으로 돌아와 초막을 짓고 있으니 모이는 제자가 3천이나 되었다. 90일 동안 화엄대전華嚴大典을 강講하니 문인 지통智通이 따라 강하여 그 추요樞要를 모아서 책 두 권을 이루어 이름을 추동기錐洞記 라 하여 세상에 전하였다. 강講을 마침에 그 어머니가 꿈에 나타나 이르되 "내가 이미 하늘에 태났다." 하였다.

－「효선」편, 〈진정사 효선 쌍미〉 전문

「효선」편에는 이 밖에도, 흉년에 굶주리게 되자 자기 넓적다리 살을 베어 아버지를 봉양한 향득사지, 어머니의 밥을 빼앗아 먹는 어린 아들 을 땅에 묻은 손순 등 가난한 백성들의 효성을 보여 주는 이야기들이 수 록되어 있다. 이 중에서 자신을 팔아 눈먼 어머니를 봉양한 딸 이야기인 〈빈녀양모〉조는 『삼국사기』에도 실려 있는 것으로, 효도가 단지 물질적 인 공양에만 치우쳐서는 안 된다는 사실을 날카롭게 지적하고 있다.

효종랑孝宗郎이 남산 포석정에 가서 놀새 문객들이 많이 모였으되 홀로 두 사람이 뒤에 왔거늘 낭郎이 그 연고를 물으니, 그 사람이 이르되 "분황사 동쪽 마을에 한 여자가 있으니 나이 20 좌우라 앞 못 보는 어머니를 안고 부르짖어 울기에 동리 사람에게 물으니 대답하여 가로되 이 여자가 집이 가난하여 밥을 빌어 어머니를 봉양한 지 오래더니 마침 흉년이 들어서 밥을 얻기 어려우매 남의 집에 품 팔아서 양식 30석을 얻어 대가大家에 두고 일하며 날이 저물면 쌀을 싸 가지고 집에 돌아와 밥을 지어 어머니와 같이 먹고 자고 새벽이면 대가에 들어가 일하니 이같이 하기를 몇 날이 되매 어머니가 이르기를 전날 악식惡食에는 마음이 편안하더니 요지음의 향기로운 밥은 간을 찌르는 것 같아서 마음이 편치 못하니 이 어쩐 일이냐. 그 딸이 실상을 말한대 어머니가 통곡하니 딸이 다만 구복口腹을 봉양할 줄만 알고 색양色養의 어김을 탄식하여 서로 부뜰고 운다 하기에 이것을 보느라고 늦었노라.” 낭이 듣고 불쌍히 여겨 쌀 1백 곡斛을 보내고 낭의 양친도 또한 옷 한 벌을 보내며 낭의 무리 1천인도 또한 벼 1천 석을 거두어 보내니 이 일이 나라에 들린지라. 이때에 진성왕이 쌀 5백 석과 집 1채를 주며 사졸을 보내서 그 집을 호위하여 도적을 막게 하며 그 동리에 정문旌門을 내려 효양리孝養里라 했더니 뒤에 그 집으로 절을 만들고 이름을 양존사兩尊寺라 하였다.

-「효선」편, 〈빈녀양모〉조 전문

또한 「효선」편에는 가난한 집에 태어나 품팔이하여 얻은 밭을 시주한 인연으로, 부잣집에 다시 태어나서 전생 부모와 이생 부모를 다 같이 공양했다는 효자 김대성의 이야기도 실려 있다. 불국사와 석굴암의 연기 설화가 되기도 하는 이 〈대성 효2세 부모〉조는, 효도와 선행에 관한 일화들은 모은 「효선」편에서 뜻밖에 우리나라 최고의 문화재에 관한 근거를 제시하고 있다는 점에서 매우 중요한 기록이 되기도 한다.

삼국유사의 다양한 스펙트럼

신화집

　『삼국유사』는 흔히 사서史書로, 그리고 불서佛書로 꼽히곤 한다. 역사나 불교 관련 기사가 많기 때문일 것이다. 그러나 『삼국유사』는 무엇보다 신화집으로 꼽혀야 할 것이다. 『삼국유사』에 실려 있는 우리 신화는 분량이 그리 많지 않다. 그럼에도 불구하고 『삼국유사』를 말할 때에 역사나 불교보다는 신화를 앞세워야 한다고 생각하는 이유는, 신화란 "모든 것의 첫머리에 있는 이야기"라고 할 수 있기 때문이다. 신화에서 역사가 비롯되고, 종교가 비롯되고, 예술이나 기타 영역이 생겨난다고 볼 때, 『삼국유사』를 논할 때에도 신화를 역사, 불교, 탑상 등의 이야기보다 앞세우는 것이 지극히 당연한 일로 보인다. 『삼국유사』 자체를 살펴보더라도 저자 일연이 그렇게 의도했으리라는 측면이 엿보인다. 주지하는 바와 같이 『삼국유사』의 실질적인 첫머리인 「기이」편 기사는 다음과 같이 시작된다.

서敍하여 가로되 대개 옛 성인聖人이 예악禮樂으로 나라를 일으키며, 인의仁義로 가르침을 베풀었고, 괴怪·력力·난亂·신神은 말하지 아니하였다. 그러나 제왕帝王이 장차 일어남에는 부명符命을 맡고 도록圖錄을 받아서 반드시 범인凡人보다 다름이 있은 뒤에야 큰 변變을 타며 큰 그릇을 잡으며 큰 업을 이루는 것이다. 그러므로 하河에서 도圖가 나왔고, 낙洛에서 서書가 나와서 성인聖人이 일어났다.

—「기이」편, 첫머리

일연은 이렇게 '괴력난신'이라는 콘셉트로 대뜸 『삼국유사』의 문을 열고는, 이어서 바로 '단군신화'를 등장시키고 있다. 「기이」편 첫머리에 있는 〈고조선(왕검조선)〉조는 "지금부터 2천 년 전에 단군 왕검이 도읍을 아사달에 세우고 나라를 열어 조선이라 이름하니 당고唐高와 한 때라 하였다."라는 '위서魏書'의 구절을 인용한 뒤에 "고기古記에 이르기를"이라는 말로 단군신화를 시작한다.

옛적에 환인桓因의 서자庶子 환웅桓雄이 자주 천하에 뜻을 두어 인세人世를 탐내는지라 아버지가 아들의 뜻을 알고 아래로 삼위태백三危太伯을 내려다보니 인간을 홍익弘益할 만하거늘 천부인天符印 3개를 주어 가 다스리게 하니 환웅이 무리 3천을 거느리고 태백산 마루턱 신단수神壇樹 아래로 내려오니 이곳을 신시神市라 이르고, 그를 환웅천왕桓雄天王이라 하였다. 풍백風伯과 우사雨師와 운사雲師를 거느리고 곡穀·명命·병病·형刑·선악善惡을 맡아보아 왼갖 인간의 3백6십여 가지 일을 모두 맡아 다스리었다. 이때 한 곰과한 범이 같은 굴에서 살며 항상 신神 환웅에게 빌어 가로되 원컨대 사람이 되어지이다 하니 신이 신령스러운 쑥 1줌과 마늘 20개를 주며 말하기를 너

이들이 먹고 100일 동안만 햇빛을 보지 아니하면 사람의 형상이 되리라 하였다. 곰과 범이 이것을 얻어먹고 기른한 지 37일 만에 곰은 여자의 몸으로 변하였으나 범은 기른를 잘못하여 사람이 되지 못하였다. 웅녀가 저로 더부러 혼인하는 이가 없으므로 항상 단수 아래에서 태기 있기를 빌었더니 환웅이 거짓 화化하여 이와 혼인해서 아들을 낳으니 호號를 단군 왕검壇君王儉이라 하였다. 당고唐高의 즉위한 지 50년인 병인丙寅에 평양성에 도읍하고 처음으로 조선朝鮮이라 하였다. 또 도읍을 백악산白岳山 아사달阿斯達로 옮기었는데 그 산을 궁홀산弓忽山이라고도 하니, 지금 미달彌達이라는 곳이요, 어국御國하기는 1천5백 년이었다. 주周 무왕武王이 즉위한 기묘己卯에 기자箕子를 조선에 봉하매 단군이 장당경藏唐京으로 옮기었다가 뒤에 돌아와 아사달에 숨어서 산신이 되었으니 수壽가 1천9백8세라 하였다.

―「기이」편, 〈고조선(왕검조선)〉조 부분

역사학자들은 위에 인용된 부분을 '단군고기檀君古記'라고 부르며, 이 '단군고기'를 신화적 요소와 역사적 요소가 공존하는 하나의 '신화―역사적 복합체'라고 보고 있다. 이를 달리 표현한다면 '신화적인 것의 역사화'라고 할 수 있는데 신화적 사실이 역사적 시점에 자리를 잡는 것으로 본다든가, 또는 역사적인 시점에 초시간적이어야 할 신화적 사건이 일어나는 것으로 보는 것이다. 이러한 예는 6가야의 시조가 알의 형태로 하늘에서 내려온 날을 '후한 세조 광무제 건무 18년 임인'(기원후 40년)이라고 절대 연도로 표시하고 있는 「기이」편 〈가락국기〉에서도 발견된다.

그러나 역사학자 중에는 '단군고기'를 '신화―역사적 복합체'로 보지 않고, 신화와 역사를 구분하여 보는 입장도 있다. 김두진의 경우가 그러한데, '단군고기'의 앞부분에 해당하는, '환인이 그 아들 환웅을 인간세상으로 내려 보내는 데부터 단군의 탄생까지'를 순수한 신화 기록으로 보고, 나머지 부분인 '단군이 평양성에 도읍했다가…… 나중에 산신이 되기까지'를 역사 기록으로 보는 것이다.

그러나 대부분의 학자들은 단군고기 전체를 하나의 신화로 보고 있다. 이러한 입장에서 '단군고기'에 관한 육당 최남선의 다음 발언은 오래되었지만 아직도 유효한 것으로 들린다.

단군고기는 형식상으로 일편의 신화입니다. 신화란 것은 원시인이 모든 형상을 신의神意, 신사神事로 보아서 신격神格 중심으로 거기 해석 설명을 시험한 것이니, 그러므로 신화라 하면 시나 이론이나 학설에 가까운 만큼, 실록이나 역사나 연대기나 인물지하고는 본디 딴 것입니다. 단군이 설사 역사적 실재 인격일지라도, 그 기전記傳이 신화로 생긴 바에는 기록 그대로가 사실 아닐 것은 무론입니다. 또 설사 그 의취意趣는 사실일지라도, 그 설화적 결구에 나타난 요소 급 순서가 그대로 실록적 신문信文이 아닐 것은 무론입니다. 그러므로 형식이 이미 신화인 바에는, 역사적 소성素性 여하는 별문제로 하고, 먼저 또 주로 신화학적 고찰을 시험함이 당연합니다.
그런데 비교신화학과 조선 국민고사 신화학이 우리에게 가르치는 바를 거하건대, 단군고기에 나오는 의장意匠과 물소物素는, 실로 조선과 및 인접 모든 민토에 공동으로 행하는 동계同系 문화 내에 있는 보편 통유의 것이요, 그것이 결코 후대에 개인이 불교 같은 것의 힘을 빌어서 창작한 것 아님이 분명합니다. 위선,
1) 우주를 상·중·하 삼계로 보아, 천상을 선신善神의 거주하는 광명계라 하고, 거기 계신 대신大神이 인간의 화액禍厄을 보시면, 그 서자를 강생하여 구제에 종사케 하심.

2) 강생하는 천제자天帝子는 반드시 역내域內 최고대最高大의 산정山頂에 신도神都를 베풀고, 신정적神政的으로 인간을 이화理化함.

3) 신혼神婚 기타의 방법으로써 크게 인족隣族의 동화同化 및 섭입攝入을 힘씀.

4) 천신天神과 인주人主 사이에는 반드시 반신반인半神半人적 과도인격이 있음.

5) 이렇게 강세降世한 천제자天帝子와, 및 그 통서統緒를 받아서 군사君師의 위位에 있는 사회규범의 총람자는 반드시 천왕·천자·신인神人·성인聖人 등으로써 칭위되었음.

등으로만 말할지라도, 이것은 북으로 몽고 저쪽과 남으로 일본 저쪽에 널리 행하는 건국신화와 공통 모티브이며, 역내域內의 일로만 말하여도 대단군大壇君뿐 아니라, 부여·구려·신라·가락 등의 창업담이 또한 동공이곡同工異曲의 것임이 분명합니다 이것이 무슨 의미며, 또 어찌하여 유동類同하느냐 하는 문제는 따로 두려니와, 아뭏든지 단군고기의 신화적 장구성·확실성을 여기서 인정하지 아니치 못할 것만을 말해 두겠읍니다. 설마 이 모든 것이 죄다 후세의 위조요, 죄다 불전佛典을 남본藍本으로 한 것이리라고 방언放言할 사람은 없을 것입니다.

-최남선, 「단군고기 연구」, 이기백 편, 『단군신화론집』, 10~11쪽

『삼국유사』에는 단군신화 외에도 많은 신화들이 수록되어 있다. 〈북부여〉조, 〈동부여〉조, 〈고구려〉조의 세 편 기사는 북부여에서 고구려에 이르는 세 나라의 건국신화를 계통적으로 보여 주고 있으며 〈신라시조 혁거세왕〉조에서는 신라의 건국신화를 보여 주고 있다. 신라의 경우에는 건국신화에 뒤이어 알영, 석탈해, 김알지 등 신라의 여러 씨족 시조

들의 내력을 말해 주는 시조신화들이 이어진다. 「기이」편에는 천강天降, 신마神馬, 난생卵生, 용신龍神, 사신蛇神 등 다양한 내용들로 구성되어 있는 이들 신화 외에도 결혼신화, 일월신화 등 다양한 내용의 신화들이 실려 있어, 『삼국유사』는 우리나라의 얼마 되지 않는 신화들을 집성하고 있다고 말할 수 있다. 물론 『삼국사기』, 『제왕운기』, 『동명왕편』 같은 문헌에도 이와 비슷한 내용의 신화들이 실려 있기도 하고, '바리공주' 같이 서사무가 형식으로 구전되어 내려오는 신화들도 있다. 하지만 그 수효나 내용 면에서 우리 신화를 『삼국유사』만큼 알뜰하게 챙겨 주었던 문헌은 일찍이 없었다.

우리나라 신화에는 아쉽게도 신神이 인간을 창조했다든가, 세계를 만들었다든가 하는 류의 본격적인 개벽신화가 없다. 그렇지만 이런 아쉬움을 어느 정도 달래 주는 신화가 『삼국유사』에 실려 있다. 일연이 "금관주 지사 문인이 지었다."면서 「기이」편 말미에 싣고 있는 〈가락국기〉가 그것이다. 오래 전부터 한국 신화를 천착해 온 국문학자 김열규는 「기이」편이 『삼국유사』의 백미이며, 〈가락국기〉는 그 「기이」편의 백미라고 말하고 있다. 김열규가 「가락국기의 신화적 탐색」이라는 논문에서 가락국기의 의의를 논한 부분을 신화 논의의 결론으로 삼고자 한다.

실제로 '가락국기'는 '신이의 백미'이다. 이미 전해진 문헌에서 '약이재지略而載之', 곧 축약해서 전재하고 있음에도 불구하고 다른 어떤 상고대 왕권 신화보다도 '신이'에 관해서는 소상하다. 오늘날 「기이」편을 읽게 되는 우리들로서는 고조선과 고구려 그리고 신라의 신화에서 초략抄略하게 기술되고 만 것이 비로소 '가락국기'에 이르러서 세부적인 소상한 기술을 얻게 되었다는 판단을 할 수 있을 정도다.

가령, 신라의 신화에서 천강天降, 난생卵生, 혼인 그리고 등극은 4대 신화소 또는 화소話素를 이루고 있거니와 이것들이 통시적으로 서술됨으로써 전체 줄거리가 결구結構되어 있다. 그리고 이들 네 가지의 화소는 그야말로 간략하게 묘사되어 있어서 서사적 진술의 최소한의 여건을 간신히 채우고 있을 뿐이다. 고조선 신화에서도 주인공을 달리하면서 천강, 혼인, 등극 등 세 가지 신화소가 간략히 진술되고 있는 점이 쉽사리 지적될 수 있다.

이들의 이같은 서사문학적 속성과 비교할 때, '가락국기'는 단연 돋보이고 있다. 역사적인 기록이며 문헌 그리고 사적史蹟 등에 걸쳐서 상대적으로 적멸감마저 드는 것이 다름 아닌, 가락왕국의 역사임에 비추어서 이같이 '가락국기'가 갖춘 '서사적 풍요'는 아무리 강조해도 지나침은 없으리라 믿는다. 한국 상고대 신화의 총체적인 결구를 갖추면서 동시에 그 세부에 대해서도 네 가지 화소에 걸쳐 고루 진술하고 있는 신화가 곧 '가락국기'다. 그것은 상고대의 한국신화론이 다루어 마땅한 제일의 전범典範이 바로 '가락국기' 임을 의미하는 것이다.

이로써 '가락국기'는 한국 상고대 신화의 '신이', 그것도 일연이 다루고자 하고 또 부각시키고자 한 '한국적 신이'의 대종이 되는 것이지만, 이 점은 일연 자신이 익히 인지하고 있었다. 다른 왕권신화들의 말미에는 그러지 않고 있음에도 불구하고 일연은 바로 '가락국기'의 말미에는 굳이, '명銘' 을 따로 붙이고 있음에서도 능히 헤아려진다. 명에서는 무엇보다도 먼저, '원태조계元胎肇啓'라고 표현된 개벽의식을 읽을 수가 있거니와 이것은 신화의 진술 양식으로서는 절대적인 의미를 갖게 된다. 천지개벽의 전후사가 곧 신화로 진술되기 때문이다. 다음으로는 사람들로서는 신비체험이라고 해야 할, '신성神聖 현시顯示'의 전후, 곧 신격의 천강이 진술되고 있는 바이지만, 이에는 천지간의 상서로움이 수반되면서 극적인 긴박감마저 자아

내고 있다.

"특별히 정령精靈을 보내니, 산 속에 알이 내리되 온통 안개 속이더라. 그 속이 막막하고 바깥 또한 명명冥冥하니 바라보건대, 형체 있는 것이 없는데도 사람들은 소리를 듣고 무리져서 노래하고 떼를 이루어 춤을 추더라. 이레 뒤, 한 때 고요한 중에 난데없이 바람이 불어서 구름이 서리더니, 창공 하늘에서 여섯 개의 알이 내리더라."

라는 대목은 일연이 원초적인 어둠에서 밝음으로의 전환, 태초의 혼돈에서 질서로의 전변이야말로 창조신화적 개벽임을 익히 알고 있었던 것과 관련 지어서, 'hierophany(신성현시)' 또한 충분히 인식하고 있었음을 말해 주고 있다. 그것은 직접 가락국기의 문면에서 대왕 강령降靈이라거나 아니면 시현고휘수로始現故諱首露라고 표현되어 있는 데서도 확인될 수 있는 바이지만, 이 강령이라는 신성현시는 당연히 대대로 줄곧, 한국민속 및 무속신앙의 현장에서 신내림 또는 신맞이라고 호칭된 사건 바로 그 자체다. 일연은 상고대 신화 중에서도 그가 스스로 옮겨 채록한 가락국기야말로 신이의 신이고 나아가서는 신화 중의 신화임을 꿰뚫어보고 있었던 것이다. 가락국기가 한국 상고대의 신화론에서 조종祖宗의 자리에 위치하게 되는 또 다른 이유가 여기에 있다.

ㅡ김열규, 「가락국기의 신화적 탐색」, 『인문연구논집』 제5집, 44~46쪽

미술사 텍스트

경주 시내에서 불국사로 향해 가다 보면, 불국사 코앞에서 코오롱 호텔 앞에 있는 삼거리를 만나게 된다. 그 삼거리에서 불국사 방면으로 직진하지 않고 좌회전하면 곧바로 교량이 하나 나오는데 그 교량을 건너지 않고, 오른쪽으로 나 있는 길로 접어들면 개천길이 나온다. 개천길로 들어서서 왼쪽으로 바로 나타나는 나지막한 콘크리트 다리를 건너, 좁은 포장길을 따라 2, 3백 미터 가량 올라가다 보면 오른편 공터에 3층탑이 하나 얌전하게 서 있는 모습이 보인다. 항간에 전해오기로는 그 탑이 장수사長壽寺 터 3층탑이라고 한다. 「효선」편 〈대성 효2세 부모〉조에 설명된 장수사의 내력은 다음과 같다.

복안福安이라는 부잣집에 품팔이하던 모량리의 가난한 여자 경조慶祖의 아들 대성大城은 자신의 품팔이 밭을 시주했다. 그 덕에 대성은 재상 김문량의 집에 다시 태어나게 되고, 그의 전생 어머니 경조를 모셔와 두 어머니와 함께 살게 되었다. 대성이 성장하면서 사냥을 즐겨하여 하루는 토함산에 올라 곰 한 마리를 잡고는 산 밑 마을에서 묵는데 꿈에 곰이 귀신으로 화하여 나타나 "내가 환생하여 너를 잡아먹겠다."고 했다. 대성이 무서워서 떨면서 용서를 빌자, 귀신이 "나를 위해 절을 세우겠느냐?"고 하여 대성이 그러마고 맹세하였다. 그 이후로 대성은 사냥을 하지 않고 곰을 잡았던 자리에 장수사를 세웠다.

〈대성 효2세 부모〉조에는 이어서 "(대성이) 정情에 감동된 바 있어 비원悲願이 더욱 간절하므로 현생 부모를 위하여 불국사를 짓고, 전생 부모를 위하여 석불사를 세우고 신림神琳과 표훈表訓 두 성사聖師를 청하여 각각 머무르게 하고 상설像設을 성盛하게 베풀어 양육養育한 은혜를 갚으니……"라고 적고 있다.

〈대성 효2세 부모〉조 기사는 말하자면 장수사와 불국사 그리고 석굴암의 연기설화로 이루어져 있는 것이다. 유네스코 세계문화유산으로 등록되어 있는 불국사와 석굴암의 창건이, 지금은 3층탑 하나로 이름을 전하고 있는 장수사라는 절에서 비롯되고 있음을 우리는 여기에서 알 수 있다. 〈대성 효2세 부모〉조 기사는 단순히 세 절의 창사 연기만 적고 있는 것이 아니라 석굴암이나 불국사를 짓던 당시의 사정을 일부 전해 주기도 한다. 예컨대,

(대성이) 장차 석불石佛을 만들 때에 큰 돌로 감개龕蓋를 만들려 하더니 돌이 홀연히 세쪽으로 갈라지거늘 분하게 여기고 졸더니 밤중에 천신天神이 내려와서 모두 만들고 돌아간지라.

라는 대목은, 석굴암 궁륭穹隆의 공사가 난공사였고 그래서 원래는 하나였으나 세 조각으로 깨진 석재를 그대로 사용할 수밖에 없었던 사정을 전해 주고 있다. 그런가 하면,

　　불국사의 운제雲梯와 석탑의 새긴 것이 동부東部 여러 절에 이보다 나은 것
　　이 없었다.

라는 대목에서 우리는 석가탑, 다보탑의 석공예 기교뿐 아니라 불국사 석축의 정교함, 나아가 석축 쌓기에 쓰였던, 이른바 '그랭이법(초석인 자연석을 깎지 않고 그 위에 얹을 장대석을 자연석에 맞춰 깎아 얹은 방식)' 까지도 연상하게 된다. 바로 이런 점이 우리로 하여금 『삼국유사』를 '불교미술사' , 나아가 '한국미술사' 라는 관점에서 접근하도록 만드는 것이다.

　『삼국유사』에는 사찰, 불탑, 불상, 불사리佛舍利, 왕릉 등에 관한 기사들이 전편에 고루 담겨 있어 한국미술사를 전공하는 학도들에게 그야말로 바이블이 되고 있다. 『삼국유사』에는 앞에서 언급된 불국사와 석굴암 이외에도 삼국 시대의 주요 불교 유적들에 대한 기사가 집중적으로 수록되어 있다. 얼핏 떠오르는 것만 꼽더라도, 속칭 '에밀레종' 으로 불리는 봉덕사 성덕대왕 신종, 감은사 쌍탑, 감산사 미륵불 및 미타불상 등 그야말로 한국미술사에서 걸작으로 꼽히는 탑과 불상, 불교 건축물 등에 관한 기록들이 이 책 한 권에 모여 있다고 볼 수 있다. 여기에 더하여 『삼국유사』는 오래 전에 사라져 지금은 흔적만 남아 있는 미륵사, 황룡사 장륙불상, 황룡사 9층탑 등에 관한 기록도 남김으로써 우리 미술사의 비어 있는 공간을 채워 주고 있다. 사찰, 탑상 등에 관한 이러한 기록들

은, 자칫 우리 미술사에서 미아迷兒로 전락해 버릴 수도 있었을 귀중한 유물들에 대한 근거를 제시해 주고 있는데, 결국 『삼국유사』는 이런 유물들의 족보 노릇을 하고 있는 셈이다.

또한, 『삼국유사』는 그 기록의 정확성으로 정평이 나 있어 한층 빛을 발하고 있다. 정확성이 어느 정도인가 하면, 「기이」편 〈무왕〉조와 관련하여 익산 미륵사 터를 발굴했던 문화재 관리 당국의 공식보고서에 보이는 다음과 같은 언급이 『삼국유사』가 한국미술사 연구의 기본 텍스트로 활용되기에 충분하다는 점을 담보해 주고 있다.

첫째는 발굴 조사 결과 『삼국유사』의 기록이 대단히 정확하다는 점, 미륵사지 발굴조사 기간 중 이루어진 사자암에 대한 발굴조사 결과에서도 『삼국유사』의 기록을 입증할 수 있는 자료를 얻었다는 점이고, 둘째는 이처럼 『삼국유사』의 기록이 정확하다는 것을 기반으로 미륵사에 대한 연구가 미술사 등을 중심으로 활발히 전개되었고 그 결과 창건 배경을 밝히는 연구가 제시될 만큼 연구가 활성화되었다는 점이다. 다르게 말하자면 미륵사지 발굴조사를 계기로 연구가 활성화되었고 연구를 위한 자료가 제공되었을 뿐만 아니라 연구영역이 확대되었다는 것이다.

-미륵사지 유물전시관 홈페이지(http://www.mireuksaji.org)

일찍이 학계에서 『삼국유사』를 미술사의 관점에서 접근해야 할 것을 강조한 사람은 미술사학자 황수영이었다. 황수영은 1980년 경주시가 주관했던 신라문화제 학술발표회에서 발표한 「삼국유사와 불교미술」이라는 짧은 논문의 서두에서 이렇게 말했다.

삼국유사가 우리 고대 미술의 주류를 이루는 불교미술 연구를 위하여 가장 오래되고 중요한 문헌임은 다시 말할 것도 없다. 그중에서도 큰 비중을 차지하는 권3 「탑상」편의 기사는 더욱 그러하다. 그것은 이들 탑파와 불상이야말로 곧 불교의 양대 예배대상이어서 불교미술의 연구는 곧 이들에 대한 것이라고 하여도 과언이 아니기 때문이다.

─황수영, 「삼국유사와 불교미술」, 「삼국유사의 신연구」, 21쪽

이후 본격적으로 '삼국유사 미술사학'의 새로운 경지를 개척한 사람 중에는 미술사학자 문명대가 있다. 문명대는 미술사학연구회에서 펴낸 논집 「미술사학 II」에 실린 논문 「삼국유사 탑상편과 일연의 불교미술관」에서 "일연이 왜 불교미술 관계 기사를 중요시했는가?"라는 물음을 던진 후, 꾸준히 그 해답을 천착해 오고 있다.

문명대는 먼저, 일연이 「삼국유사」는 비단 「탑상」편뿐 아니라 다른 여러 편목에 걸쳐서 불교미술을 가장 중요하게 취급하고 있음을 지적하고 있다. 그리고 일연은 당시 몽고군에 의해 행해진 전무후무한 탑상 훼손 사태를 맞아, 탑상의 중요성을 인식시키려는 의도에서 「삼국유사」에 「탑상」편을 따로 편성하여 불탑과 불상 조성의 기록을 남긴 것으로 보고 있다. 문명대에 따르면 「탑상」편을 포함하여 「삼국유사」 전편에 산재해 있는 탑상 관련 기사의 수효는 「탑상」편 30건, 「흥법」편 7건, 「의해」편 14건, 「신주」편 13건, 「피은」편 10건, 「효선」편 5건 등 모두 79건에 이르고 있다. 일연은 「삼국유사」 「탑상」편에 예배대상인 불탑, 불상 중에서 가장 영험이 많은 예를 수록하고 있다. 이는 대승불교의 성격을 가장 잘 반영하고 있는 것으로 탑상에 대한 예배가 진리 전파에 가장 중요한 구실을 할 수 있다는 논지에 초점을 두고 있음을 뜻한다.

문명대는 일연이 「탑상」편 등을 불교미술사의 관점에서 인식하고 있었다는 점을 들면서 몇 가지 원칙을 짚어 내고 있다.

첫째, 일연이 「탑상」편 기사를 역사적 관점에서 편집하고 있다는 점이다. 이는 기술 대상인 유적, 유물들을 대체로 시대순으로 배열하고 있는 점에서 드러난다. 「탑상」편 첫머리에서 〈가섭불 연좌석〉, 〈요동성 육왕탑〉, 〈금관성 파사석탑〉, 〈고(구)려 영탑사〉 등의 순서로 편찬하고 있음이 그러하고, 〈전후 소장 사리〉조에서 우리나라 사리 수용의 변천사를 시대순으로 기술하고 있는 점 또한 그러하다.

둘째, 시대순으로 기술하면서도 형식이나 기법에 따른 분류 방법을 병행하고 있다는 점이다. 예컨대 사방불 형식의 불상들을 열거하면서 사불산, 굴불사, 만불산 순으로 기술한다든가, 소조상 기법의 불상들을 중생사 관음상, 백률사 관음상, 민장사 관음상 순으로 기술하고 있는 것이 그것이다.

셋째, 아마도 가장 중요한 기준이 될지도 모르는데, 영험 위주로 탑상의 우열을 평가하고 있다는 점이다. 이는 미술사의 관점에서 볼 때, 불교미술을 심리적 또는 정신사적으로 파악하여 체계화한 것으로 볼 수 있다. 그 예로, 황룡사 9층탑은 그 탑을 건립함으로써 이웃 나라의 침공을 막을 수 있었다든가, 백률사 관음상이 적국에 납치된 화랑 부례랑을 구출하는 영험을 보였다든가, 분황사 천수관음이 맹아盲兒의 눈을 뜨게 했다든가 하는 사실 등을 들 수 있다.

이렇게 일연이 미술사적인 관점에서 나름대로 분류기준을 지니고 있었음을 지적하면서 문명대는 또 하나 중요한 점을 덧보태고 있다.

(일연은) 이른바 나름대로의 양식사 방법을 세웠다고 할 수 있다. 그것은 진

신眞身 또는 원형불原形佛에 대한 강렬한 선호인데, 이것은 바로 사실성寫實性을 중시하는 것이었고, 또한 이상적인 진신불상을 염원하였다는 것이다.

이러한 진신 또는 원형불 조상造像에 대한 전형적인 기록은 「탑상」편 〈황룡사 장륙〉조에서 찾을 수 있다. 인도의 아소카 왕이 불상을 만들려다 여러 번 실패하여 "인연 있는 땅으로 가서 장륙존상을 이루소서."라고 하며 황철 5만7천 근과 황금 3만 푼을 배에 실어 바다에 띄워 보냈는데, 이 세상 어느 나라에서도 주조에 성공하지 못하다가 마지막에 신라에 도착해서 대번에 장륙삼존불로 주조되었다는 전설이 바로 그것이다.

이 밖에도 「기이」편 〈무왕〉조의 미륵사, 〈만파식적〉조의 감은사, 「신주」편 〈명랑신인〉조의 사천왕사 등 허다한 불교 유적에 관한 사연이 일연에 의해 수집되어, 나름대로 미술사적 관점으로 정리되었다. 이로 인해 『삼국유사』는 오늘날 삼국 시대 주요 문화유물의 족보이자, 한국미술사의 둘도 없는 기본 텍스트로 대접받기에 이르고 있다.

우리나라 최초의 정형시, 향가

『삼국유사』「기이」편 〈무왕〉조에는 '서동요'가 나온다.

선화공주님은

남 몰래 시집가서

서동이를

밤이면 안고 가다

–홍기문 역

이 '서동요'는 6세기경에 지어진 향가로, 현전하는 향가 24수 중에서
가장 오래된 것으로 알려져 있다. 향가는 우리나라 최초의 정형시로 우

리 문학의 뿌리이자 그 모태라고 불리고 있다.

『삼국유사』에는 '서동요'를 비롯해 14수의 향가가 실려 있으며, 이 밖에 『균여전』에 실린 11수를 합하면 오늘날 모두 25수의 향가가 전해지고 있다. 25수의 향가 중에 『균여전』에 실린 '보현십원가普賢十願歌' 11수는 모두 균여대사 한 사람에 의해 창작된 것임에 비해 『삼국유사』에 실린 향가들은 각자 다른 작자들, 예컨대 승려, 화랑도, 부녀자, 관료, 이름 없는 노인 등 다양한 계층의 사람들에 의해 지어졌다는 점이 특색이다. 그리고 『삼국유사』의 향가들은 향가 자체에다, 그 향가가 탄생한 배경 기록들까지 수록되어 있다는 점에서 내용상 『균여전』의 그것보다 더욱 풍성하다는 특색을 지니고 있다. 이들 향가에 관한 기록은 『삼국유사』 본문에도 드문드문 실려 있는데, 화랑도와 관계된 향가가 여러 편 있다는 점을 통해 신라 사회에서 향가가 차지하고 있던 위치도 짐작해 볼 수 있다.

「감통」편 〈월명사 도솔가〉조에는 월명이라는 승려가 경덕왕에게 불려가 향가를 지어 읊었다는 사연과 함께, "신라 사람이 향가를 숭상한 지 오래니 (중략) 천지 귀신을 감동시키는 이가 많았었다."라는 언급도 나온다. 실제, 오늘날에 읽어 보아도 감동적인 향가들도 적지 않은데 월명의 '제망매가'도 그런 향가 중 하나다.

생사 길이란

여기 있으려나 있을 수 없어

나는 간다는 말씀도

이르지 못하고 가버리는가

어느 가을날 이른 바람에

이리저리 떨어질 나뭇잎처럼

한 가지에서 떠나선 가는 곳 모르는구나

아야 미타찰에서 만날 것이니

내 도 닦아 기다리리라

-홍기문 역

서사문학의 보고

『삼국유사』에는 또 여러 가지 설화가 전편에 걸쳐 실려 있다. 설화 중에는 신화, 전설과 민담 등과 아울러 수수께끼, 속담 등과 관련된 다양한 설화들도 있어 『삼국유사』는 실로 우리 서사문학의 보고寶庫를 이루고 있다고 말할 수 있다. 이에 대해 국문학자 장덕순은 『삼국유사』를 "한국 서사문학의 총본산", "일대 설화문학의 집대성"이라는 표현을 사용하면서 이렇게 말하고 있다.

따라서 역사학에 있어서도 없지 못할 사료가 되지만, 국문학에 있어서는 더욱 존귀한 자료요, 이미 그 자체가 걸출한 작품이 아닐 수 없다. 그래서 어떤 이는 이 『삼국유사』를 민족의 웅대한 서사시라고 규정하였던 것이다. 이는 정녕 과장도 과대평가도 아니다. 따라서 일연은 문학의 거장이다. 일대 서사시 작가이기도 하다.

-장덕순, 「삼국유사의 설화문학적 가치」, 『삼국유사의 문예적 연구』, Ⅲ-42

장덕순은 「기이」편 〈선덕왕 지기삼사〉조에 나오는 일화들 속에서 수수께끼의 기원을 찾고 있으며, 「감통」편 〈욱면비 염불서승〉조의 설화에서 한국 최고最古의 속담을 찾기도 한다. 익히 알려진 〈선덕왕 지기삼사〉조에 나오는 이야기는 이렇다.

첫째는 당 태종이 선덕여왕에게 그림 한 폭을 선사했는데 왕이 이 그림을 보고 "이 꽃은 정녕 향기가 없을 것이다."라고 말했다. 신하들은 그 이유를 몰랐는데 당 태종이 같이 보낸 꽃씨를 심었더니 과연 향기가 없었다. 신하들이 왕에게 어떻게 그 꽃에 향기가 없는 줄 알았는지 물었더니, "꽃에 나비가 없음으로 해서 알았으며, 향기 없는 꽃의 씨앗을 보낸 것은 자신이 혼자 사는 것을 풍자한 것"이라고 말했다.

둘째, 겨울에 영묘사 옥문지에서 개구리 떼가 삼사일을 울었다. 이 보고를 받고 왕은 급히 정병 2천 명을 보내어 서쪽 근교로 가서 여근곡을 찾으라고 했다. 그랬더니 과연 여근곡에는 백제 군시 오백 명이 매복하고 있어 신라군은 백제군을 전멸시켰다. 신하들이 백제군의 매복을 어찌 알았느냐고 물었더니 왕의 설명은 이러했다. 개구리가 우는 것은 성난 형상을 하고 있는데 이것은 병화兵火를 뜻하는 것이며, 옥문은 여성 생식기로 음陰을 상징하여, 빛깔로는 흰빛이며 흰빛은 서방西方을 뜻하므로 서쪽에 군사가 있음을 알았다는 것이다.

장덕순에 의하면 이 일화에는 1) 나비 없는 꽃 = 홀로 사는 여자, 짝이 없는 여자, 2) 개구리가 우는 이유 = 전쟁이 났기 때문, 혹은 전쟁이 날 징조와 같은 수수께끼가 포함되어 있는데 이는 문헌상 최초의 수수께끼라고 한다.

그런가 하면 〈욱면비 염불서승〉조라는 「감통」편 기사는, 욱면이라는 계집종의 주인이 자신을 따라 절에 가 불공드리는 그 계집종을 미워하여, 하루 저녁에 매일 곡식 두 섬씩 찧으라고 명했던 일에서 생겨난 속담의 유래를 밝히고 있다. 일연은 이 일화를 소개하면서 "내 일 바빠 한댁 방아(자기 일이 바쁘니 어쩔 수 없이 남의 일부터 먼저 한다는 뜻)"라는 속담이 여기에서 나왔음을 분명하게 밝히고 있는데, 이로써 이 속담은 우리나라에서 가장 오래된 속담이 되고 있다.

초현실적·환상적 스토리텔링

이 밖에도 『삼국유사』 전편에 흩어져 있는 설화 중에는 매우 비현실적인 내용의 설화들이 허다한데 그런 설화들은 오늘날의 초현실적 환상적 기법의 소설을 방불하게 한다. 그러한 예를 들어 본다.

우금리禺金里에 사는 가난한 여자 보개寶開가 아들이 있으니 이름은 장춘長春이었다. 바다에 다니는 상고商賈를 좇아가서 오래도록 소식이 없으므로 그 어머니가 민장사敏藏寺 관음 앞에 7일을 기도하였더니 장춘이 홀연히 이르거늘 그 사유를 물으니 말하기를 바다 가운데에서 바람을 만나 배가 파괴되어서 동무는 다 죽었고 나는 한 쪼각 목판을 타고 오吳나라에 가서 대었는데 오나라 사람이 구하여 들에서 농사를 짓게 하였더니 이상한 중이 고향 사람과 같이 와서 위로하기를 은근히 하고 데리고 가더니 앞에 깊은 개천이 있는지라. 중이 나를 끼고 뛰더니 혼혼唔唔한 사이에 향음鄕音과 우는 소리가 들리기로 보니 벌써 여기에 왔는데 신시申時에 오나라를 떠나 여기 이르매 겨우 술시戌時 초初밤에 안 되었다 하니 그때는 천보天寶 4년 을

유 4월 8일이었다. 경덕왕이 듣고 밭을 절에 시주하고 또 재폐財幣를 드리
었다.

―「탑상」편, 〈민장사〉조 전문

이 이야기에서 이상한 중이 장춘을 겨드랑이에 끼고 깊은 도랑을 뛰
어넘자 바로 신라 땅에 도착했으며, 시간도 해질 무렵에 떠나 초저녁에
도착했다는 대목은 시공을 뛰어넘는 요즘의 판타지 영화를 연상시킨다.
이 기사뿐이 아니다. 화랑이 오랑캐에 붙들려서 백률사 관음보살에게
빌었더니 붙들려 간 화랑이 갑자기 백률사 불상 뒤에 와 있다든가, 김현
이라는 화랑이 호랑이와 사랑을 나누었다든가 하는 이야기들은 현대 남
미에서 보르헤스, 마르케스로 이어지고 있는 환상적 리얼리즘 소설들의
기법과 흡사한 모습을 보여 주기도 한다.

우리나라 최초의 소설?

「탑상」편 〈낙산 이대성 관음·정취·조신〉조는 그 제목에서 어딘가 균
형이 잡혀 있지 않다는 느낌을 준다. 이유는, 낙산과 인연 있는 두 성인
聖人인 관음보살과 정취보살에 비해, 마지막에 소개되는 조신은 지극히
평범한 인물에 지나지 않은 데다 그 인물이 짝사랑 이야기로 소개되고
있기 때문이다. 여기에는 물론 관음보살의 도움으로 조신이라는 인물이
짝사랑 번민에서 벗어난다는 점이 계기가 되었다고 할 수 있다.
　〈낙산 이대성 관음·정취·조신〉조의 끝 부분에 등장하는 조신의 이야
기는 흔히 조신의 전기傳記라는 '조신전', 또는 조신의 꿈이라는 '조신몽

調信夢'으로 불리는데, 이 이야기는 근래 우리 학계에서 작지 않은 논쟁 거리가 되어 있다. 논점은 조신의 짝사랑 이야기를 설화說話로 보는 종래 의 입장에 대해 이를 소설로 보아야 한다는 주장이 대두되고 있다는 것 이다. 만일 '조신전'을 소설로 인정할 경우 우리 소설사가 다시 쓰여져 야 한다는 문제가 제기된다.

우리나라 최초의 문학사 또는 문예사로 꼽히는 김태준의 『조선소설 사』는 제3편 「전기소설과 한글발생기」에서 '금오신화'의 탄생을 이렇게 알리고 있다.

> 그러면 그야말로 조선 조고계操觚界의 천황天荒을 파하고 전기문학의 백화
> 두를 지여서 이조 초기에 있어서 하마 적막할 번한 예원藝苑에 초독超獨한
> 청염淸艶을 발뵈인 자者–금오신화金鰲新話 아니고 무엇이랴.
>
> –김태준, 『조선소설사』, 61쪽

이후 김시습의 '금오신화'는 우리나라 최초의 소설로 인정되어 왔는 데 근래 몇몇 학자들이 '금오신화'보다는 '조신전'을 우리나라 최초의 소설로 보아야 한다고 주장하는 것이다. 국문학자 장덕순이 '조신전'이 라는 작품에 배치된 여러 요소들이 소설적 구성에 가깝다는 견해를 밝 힌 이후, 차용주, 김수업 등이 '조신전'을 몽자류 소설과 같은 범주에 귀 속시킨다든가, 구운몽 등 다른 작품에 준 영향을 강조하기도 했다. 여기 에 더하여 지준모는 '전기傳奇소설의 효시는 신라에 있다'라는 제목의 논문에서 '조신전'이 '금오신화'에 앞서는 우리나라 최초의 소설이라 고 하면서, 우리 소설의 등장 시기를 조선조에서 신라 말로 앞당겨야 한 다고 주장하기에 이르렀다. 이러한 주장에 대해 '조신전'은 원저자가 밝

혀져 있지 않고, 원래의 제목이 존재하지 않는다는 점 등으로 소설로 보기 힘들다는 견해가 아직은 주류를 형성하고 있는 것으로 보인다.

그러나 '조신전' 이 서사의 사실성을 높이기 위해 역사적 인물이나 구체적 지명을 등장시키고 있고, 주인공의 짝사랑 이야기 중에서 신라 말기 유랑민들의 비참한 삶의 실정 등을 묘사하고 있다는 점, '애욕愛慾의 모티프' 와 '빈곤의 모티프' 라는 두 모티프가 전개되고 다시 변주되고 있다는 점, 스토리 전개에 있어 반전反轉 기법이라든가 액자 구조를 동원하고 있다는 점을 볼 때 내용과 형식의 측면에서 소설이라고 부를 수 있는 충분한 이유가 있는 것으로 보인다. 특히 스토리 전개에서 보여 주는 이중 모티프의 전개 및 변주와 그리고 이중의 액자구조는 눈여겨볼 필요가 있다고 생각된다.

조신전의 구조

'발단―전개―대단원' 이라는 기본 구조 속에서 액자 형식으로 조신의 사랑 이야기가 '짝사랑―꿈―각성' 의 순서로 전개되는데 이 중에서 꿈은 다시 '해후―위기―결별' 형식으로 액자 속의 액자가 되어 있다. 이를 도식화하면 다음과 같다.

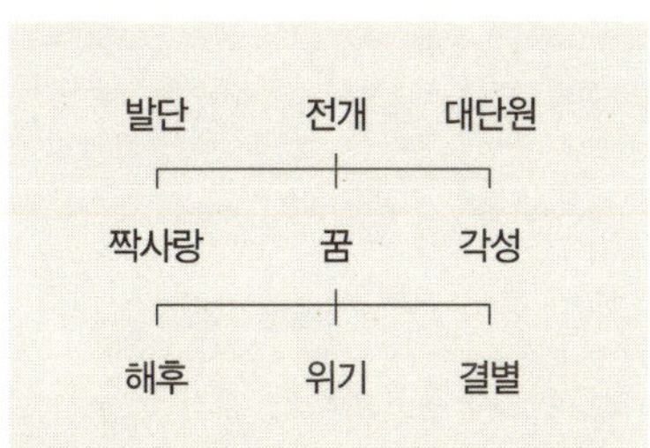

이 도식에 따라 '조신전' 본문을 단락 지어 보면 다음과 같이 된다.

발단

옛적에 신라가 서울을 정할 때에 세규사世逵寺의 장사莊舍가 명주溟州 날리군
捺李郡에 있으니…… 본사本寺의 견승遣僧 조신調信이 장사에 주장이 되었는데

전개

짝사랑　조신이 장상莊上에 와서 태수 김흔 공의 딸을 좋아하여 혹惑한지
라 여러번 낙산사 대비大悲 앞에 나아가서 보기를 가만히 빌더니 수년간數
年間에 그 여자가 출가出嫁한지라.

꿈　또 당堂 앞에 가서 대비에게 일이 이루지 못함을 원망하고 날이 저물
도록 슬피 울어 그린 정情에 지쳐서 잠간 졸더니

해후　홀연히 꿈에 김씨랑金氏娘이 문에 들어와서 반가히 웃고 일러 가
로되, 내가 일찌기 상인上人의 낯을 알고 마음에 사랑하여 잠시도 잊지
못하였으나 부모의 명을 거역지 못하여 억지로 다른 사람에게 시집갔더
니 지금 동혈同穴에 짝이 되기를 원하여 왔노라 하거늘 조신이 대단 기
뻐하고 한가지 향리로 돌아와서 산지 사십여 년에 아들 다섯이 있으나

위기　집은 사벽四壁 뿐이요 먹을 것도 넉넉지 못한지라. 서로 이끌고
사방으로 다니어 호구糊口한지 십년에 초야에 헤매이며 누덕옷이 또한
몸을 가리지 못한지라. 마침 명주 해현령蟹懸嶺을 지나다가 십오세된 큰
아이가 홀연히 주려 죽으니 통곡하다가 길가에 묻고 나머지 네 식구를

데리고 우곡현羽曲縣에 와서 길가에 움을 묻고 사니 부부가 늙고 병들어 주려서 일어나지 못하고 십세 된 계집아이가 두루 빌어먹다가 마을 개에게 물려서 아픔을 부르짖으며 앞에 누웠거늘 부모가 탄식하며 눈물을 흘리다가

결별　부인이 눈물을 씻고 창졸히 말하되 내가 그대를 만날 때에는 얼굴이 아름답고 나이가 젊으며 의복이 깨끗한지라. 맛있는 음식도 나누어 먹으며 따뜻한 옷도 같이 입어서 지낸 지 오십년에 정情이 이를 데 없고 사랑함이 깊어서 두터운 인연이라 하였더니 근년에 와서는 쇠병衰病이 날로 더하고 기한飢寒이 날로 핍박하여 옆집의 호장壺漿도 사람이 빌리지 아니하니 온갖 부끄러움이 산보다 더하고 아이들의 기한도 면케 할수 없으니 어느 겨를에 부부의 기쁨이 있으리요. 홍안紅顔 교소巧笑는 풀 위에 이슬이요 지란芝蘭 같은 약속은 바람에 불리는 버들꽃과 같은지라. 그대는 나로 하여 누累가 되고 나는 그대 까닭에 걱정이 되니 가만히 옛날의 기쁨을 생각하면 근심이 따라오는 것이 마땅한지라. 그대여 나여 어찌하여 이다지 되었는고. 여러 새가 함께 모여 주리느니 보다는 차라리 외 난鸞새가 거울을 대하여 짝을 부르는 것만 못할 것이며 추우면 버리고 더우면 부치는 것은 정情의 참아 못할 것이로되 행하고 그치는 것이 임의로 되지 않는 것이요 떠나고 합하는 것도 운수가 있는 것이니 이 말을 좇아 작별하리라 하니 조신調信이 듣고 기뻐하여 두 아이를 나누어 가지고 갈새 여자가 말하기를 나는 고향으로 갈것이니 그대는 남쪽으로 가라 하고 길을 떠나려 하더니

각성　놀라 깨어 일어나니 쇠잔한 등불에 밤빛이 장차 늦었는지라. 아침

이 되매 수염이 모두 세고 망연히 이 세상 뜻이 없으며 괴로이 사는 것을 싫어하여 백년신고辛苦에 실증이 난지라. 탐하는 마음이 어름처럼 녹으니 이에 성용聖容을 부끄러이 대하여 뉘우침을 마지 못하고

대단원

돌아와서 해현蟹峴에 묻은 아이를 파보니 곧 석미륵石彌勒이었다. 닦아서 이웃 절에 봉안하고 서울로 돌아와서 장사莊舍의 임任을 떠나며 사재를 기울여서 정토사淨土寺를 세워 백업白業을 부지런히 닦더니 그 뒤에 죽은 곳을 알지 못하였다.

일연의 논평

일연은 조신전과 관련하여 "이 전기傳記를 읽고 나서 책을 덮고 지나간 일을 생각해 보니, 어찌 조신사調信師의 꿈만이 그렇겠느냐. 지금 모두가 속세의 즐거운 것만 알아 기뻐하기도 하고 서두르기도 하지만 이것은 다만 깨닫지 못한 때문이다."고 논평하고 있다. 그리고 조신에 대하여 다음과 같은 찬시讚詩를 붙이고 있는데 이 찬시는 일연이 입적한 인각사에, 근래 뜻있는 사람들이 함께 세운 시비詩碑에 새겨져 있다.

즐겁던 한 시절 자취 없이 가 버리고,
시름에 묻힌 몸이 덧없이 늙었에라
한 끼 밥 짓는 동안 더 기다려 무엇하리,
인간사 꿈결인줄 내 이제 알았노라.

역사적 민속지

일연은 당대의 고승이었다. 1227년 스물두 살의 나이에 선불장選佛場에서 상상과에 합격한 이후 삼중대사, 선사를 거쳐 대선사가 되었고, 강화도 선월사, 영일 오어사, 비슬산 인흥사, 청도 운문사, 개경 광명사 등에 주석하다가 1283년 국존으로 책봉되었다. 국존이란 임금의 스승으로 요즘 식으로 말하자면 '당대 최고의 지성'이라고 할 수 있겠는데 그런 일연이 『삼국유사』「기이」편 〈지철로왕〉조에 이런 글을 싣고 있다.

왕의 음장陰長이 1척5촌임으로 가우嘉耦를 얻기 어려워 사자使者를 3도三道에 보내어 구할새 사자가 모량부牟梁部 동로수冬老樹 아래 이르러 보니 개두 마리가 큰 북만한 똥 덩어리 두끝을 다투어 먹는지라. 마을 사람에게 물으니 한 소녀가 고告하기를 이곳 상공相公의 딸이 빨래를 여기서 하다가 수풀 속에서 눈 것이라 하므로 그 집을 찾아가보니 신장이 7척5촌이라. 이 일을 아뢰니 왕이 수레를 보내서 궁중에 맞아들이고 황후를 봉하니 여러 신하가 모두 하례하였다.

─「기이」편, 〈지철로왕〉조 부분

일연은 국존이면서 동시에 선승禪僧이었다. 그런 점잖은 입장에서 왕의 물건 크기가 얼마라느니, 왕비가 될 처녀의 똥 덩어리가 북만큼 컸다느니 하는 속된 묘사를 그대로 옮기는 것 자체가 부담스럽기 짝이 없었을 터인데, 일연은 아무렇지도 않게 그런 내용을 끌어다 쓰고 있다. 시정잡배라도 함부로 말하기에 조심스러울, 어찌 보면 말하는 사람보다 오히려 듣는 사람이 민망스러울 얘기임에도 이런 기록이 『삼국유사』에 실려 있다는 것은 우리가 『삼국유사』를 믿어도 된다는 증거가 되고 있다. 그 이유로는, 이 대목은 분명히 어디인가에 전해오던 기록이었을 것으로 보이며, 일연은 그것을 그대로 옮겨왔을 것이기 때문이다. 일연은 말하자면 술이부작述而不作, 기술記述하기는 하되 지어내지는 않는다는 원칙을 지켜내고 있었던 것이다. 그리고 이런 류의 기록은 『삼국사기』 같은 이른바 정사正史에는 결코 실릴 수 없는 내용이어서 『삼국유사』 아니면 달리 찾을 수 없는 귀한 기록이기도 하다. 이 점과 관련하여 작고한 문화인류학자 김택규는 이렇게 말하고 있다.

일연은 …… 방대한 문헌을 인용하여 객관성을 기하고 있으며, 비록 양은 많지 않으나, 직접 관찰한 결과를 기술하고도 있고, 또 문헌 이외에 고로古老의 말, 향전鄉傳, 여행관찰, 분명히 밝힌 사견私見들을 명시한 곳도 적지 않게 보인다. 이것은 그의 『유사』 저술 태도가 오늘날의 역사 민속학자와 공통성을 가지고 있음을 보여 준다. 비록 그 논거가 전문적 민속학자에 의

하여 관찰되고, 듣고, 서술된 것이 아니라 할지라도, 우리가 귀담아야 할 문화사상文化事象들이 많이 포함되어 있고, 특히 현재의 사회에서도 발견할 수 있는 민속문화 요소들이 적지 않이 실려 있는 것이다.

—김택규, 「삼국유사의 민속체계」, 「삼국유사의 종합적 검토」, 한국정신문화연구원,

583~584쪽

또한, 김택규는 『삼국유사』를 문화인류학의 관점에서 이렇게 규정하고 있다.

『삼국유사』는 현존하는 우리나라 최고最古의 역사적 민족지이며, 동시에 가장 오래된 민속사라고 연구자는 생각하고 있다. 역사적 민속지란, 지난 문화 단계의 한 문화에 관한 공시적인 민족지적 재구再構의 기술記述이며, 특히 그 시대이 동시대적인 기록들에 기반을 둔 기술이며, 그리고 현장조사에도 관심을 둔 기술이라는 시각에서 이렇게 생각하는 것이다.

—상동

역사, 특히 고대사에 관심을 가진 사람들 중에는 옛사람들이 어떻게 살았을까 하는 문제를 궁금해 하는 경우가 많다. 그들은 어떠한 음식을 먹었으며, 옷은 어떻게 입었으며, 사는 집은 구체적으로 어떠한 모습을 하고 있었을까? 그러나 이런 물음에 성실히 답해 주는 문헌은 매우 드물다. 『삼국사기』를 들추어도 이런 문제에 대한 답을 찾기가 쉽지 않다. 『삼국유사』에도 주거생활에 관한 기록은 거의 없다. 그러나 옛사람들의 살림살이에 대한 묘사가 군데군데 흩어져 있어 이를 모아보면 대체적인 모습을 그려볼 수도 있다. 「기이」편 〈태종춘추공〉조에 이런 대목이 있다.

왕은 하루에 쌀 서 말三斗 밥과 꿩 아홉 마리를 먹었다. 그러나 경신(660)에 백제를 멸한 뒤로는 점심을 먹지 않고 다만 아침, 저녁뿐이었다. 그래도 하루에 쌀 여섯 말, 술 여섯 말, 꿩 열 마리를 먹었다.

왕 혼자서 먹는 양이라기에는 지나치게 많아서, 아마도 왕이 상을 물린 다음에 나머지 음식을 먹어 치우는 군식구들의 몫까지 포함되어 있지 않았을까 생각이 들지만, 아무튼 왕의 한끼 식사에 소비되는 음식 양을 구체적으로 알 수 있는 표현이다. 또 〈문무왕 법민〉조에는 왕의 서제 거득공이 지방관리에게 환대를 받고 나서 서라벌로 자기를 찾아온 그를 맞아 잔치를 베푸는데 차린 음식이 쉰 가지나 되었다는 기록도 있다.

이렇게 풍성한 왕실의 밥상이 있는가 하면 가난한 집의 궁핍한 식생활을 보여 주는 대목도 있다. 「효선」편 〈진정사 효선 쌍미〉조에는 진정이 어머니를 두고 집을 떠나려 할 때 그 어머니가 쌀자루를 거꾸로 털어 쌀 일곱 되로 밥을 다 짓고 "네가 밥을 지어 먹으면서 가자면 더딜까 두려우니 마땅히 내 눈앞에서 그 한 되 밥을 먹고 엿 되 밥은 싸 가지고 빨리 떠나거라." 라고 말하는 대목이 있다. 우리는 이 대목에서 한 끼 밥의 양을 가늠할 수 있으며 또한, 나머지 밥은 주먹밥 같은 방식으로 만들어 행려식行旅食으로 삼았음을 미루어 짐작할 수 있다. 아울러 진정의 "며칠 거리 건건이杯漿와 밥까지 모두 싸 가지고 떠난다면"이라는 말에서 건건이가 밥에 따르는 기본적인 찬饌이었음도 알 수 있다.

이 밖에도 '가락국기'에서 "세시歲時마다 술·감주·떡·차·과 등의 여러 가지로써 제향했다."는 기사에서 제사음식의 종류를 알 수 있다. 단편적이나마 이런 기록들이 있었기에 김택규는, "신라사회에서 이미 5세기 경에는 쌀밥을 주식으로 하여 주부식이 분리되어 있었고, 별식, 제의

祭儀음식, 연회음식 등 오늘날의 식생활의 기초가 마련되어 있었음을 알수 있다."라고 1천5백 년 전의 식생활을 추정할 수 있었던 것이다.

음식 뿐 아니다. 우리는 『삼국유사』에서 당시의 여러 가지 민속을 알수 있는데 예컨대 〈문무왕 법민〉조에 나오는 문무왕의 서제庶弟 거득공車得公의 일화는 그 좋은 예가 된다.

왕이 하루는 서제 거득공을 불러 이르되 네가 재상이 되어 백관百官을 고루 다스리고 사해四海를 태평하게 하라 하니 공公이 말하기를 폐하께서 만일 소신으로 재상을 삼고자 하시면 신臣이 국내를 가만히 단니면서 민간에 요역徭役의 노일勞逸과 조부租賦의 경중輕重과 관리의 청탁淸濁을 본 뒤에 직職에 나가고자 하나이다 하니 왕이 그 말을 좇았다. 공이 이에 치의緇衣를 입고 비파를 들어 거사의 형용을 하고 서울을 떠나서 아슬라주阿瑟羅州·우수주牛首州·북원경北原京을 지나서 무진주武珍州에 이르러 마을에 순행하니 주리州吏 안길安吉이 보고 이인異人이라 하여 제 집으로 청해서 극진히 대접하고 밤에 처첩妻妾 삼인三人을 불러 이르되 오늘밤에 거사를 모시고 자면 나와 종신토록 해로偕老하리라. 이처二妻는 말하기를 차라리 그대와 같이 살지 못할지언정 어찌 딴사람과 함께 자리요 하고 그중 일처一妻는 이르되 공公이 만일 종신토록 같이 살기를 허락한다면 말씀대로 하리라 하고 그대로 좇았다. 이튿날 거사가 떠날 때에 말하기를 나는 서울 사람이니 나의 집은 황룡皇龍·황성皇聖 두 절 사이에 있고 나의 이름은 단오端午라. (시속에 단오를 차의車衣라 한다.) 주인이 만일 서울에 오거든 나의 집을 찾는 것이 좋으리라 하고 드디어 서울로 와서 재상이 되었다. 국제國制에 매양 외주外州의 아전 한 사람으로 경중제조京中諸曹를 수직守直케 하는데(주注에 지금은 기인其人이다) 안길이 수직할 차례가 된지라 서울에 이르러 두 절

사이에 가서 단오거사의 집을 물으니 아는 이가 없었다. 안길이 오래도록 길가에 섰더니 한 노옹이 지나다가 그의 말을 듣고 두루 생각하다가 이르되 두 절 사이에 있는 집은 대궐이요 단오는 곧 거득령공車得令公이라. 외군外郡에 가만히 다닐 때에 너와 인연이 있었는가 하매 안길이 그 사실을 말하니 노인이 이르기를 네가 궁성 서쪽 귀정문으로 가서 궁녀의 출입하는 이를 기다려 고하라 하니 안길이 그 말을 좇아 무진주 안길이 문 밖에 왔노라 하였다. 공이 듣고 쫓아 나와 손을 끌고 궁중에 들어가서 공의 비妃를 불러 안길과 같이 잔치할 새, 찬饌이 오십 가지나 되었었다. 이 말을 상上에게 아뢰니 성부산星浮山 아래로 무진주 수직하는 이의 소목전燒木田을 만들어서 사람의 나무하는 것을 금하니 사람이 감히 가까이 하지 못하고 모두 흠선欽羨하게 여기었다. 산 아래에 밭이 삼십 무가 있어 종자 석섬三石을 뿌리니 이 밭이 풍년이 들면 무진주도 풍년이 들고 흉년이 들면 무진주도 따라서 흉년이 들었었다.

―「기이」편, 〈문무왕 법민〉조 부분

이 일화에서 우리는 신라 문무왕 대에 행해지고 있던 몇 가지 관행과 관련 습속을 추려낼 수 있다.

우선, 이 시기에 오늘날 국무총리 격에 해당하는 고위관리가 취임 전에 전국을 암행 순찰하였다는 사실로, 이는 후대에 제도화되는 암행순찰의 원조로 기록될 만하다. 거득공이 돌았던 코스는 수도 서라벌에서 지금의 강릉, 춘천, 충주, 광주를 거치는, 당시로서는 전국 일주 코스라고 할 수 있다.

둘째, 거득공이 무진주 안길의 집에 머물었을 때, 안길이 자신의 처로 하여금 거득공에게 잠자리 시중을 들게 했다는 대처貸妻 행위는 흡사, 손님에게 자기 아내를 접대한다는 에스키모의 습속을 연상하게 한다.

셋째, 거득공은 자신의 신분 노출을 피하기 위해 본명을 알려주지 않고 일부러 '단오'를 찾으라고 했는데, 이 사실에서 거득공의 이름 중 '거車' 자가 수레를 의미하여, 우리말로 '수레'로 불리는 이 말은 다시 단오端午를 의미했다는 사실을 알 수 있다.

넷째, 신라 문무왕 대에 이미, 지방 고을에서 향리 한 사람을 인질 삼아 서울에 있는 관청에 올려 보내서 지키게 했던 기인其人제도가 행해지고 있었고, 이 기인제도를 유지케 하는 방법으로 궁궐에 소목燒木을 조달하게 했음을 보여 주고 있다.

이 밖에도 『삼국유사』는 민속연희와 관련된 중요한 사실들을 적지 않게 전하고 있다. 예컨대, 「의해」편 〈원효불기〉조에 원효가 널리 퍼뜨렸다는 무애가無碍歌, 무애무無碍舞 이야기가 소개되고 있어서 원효가 불교 전파에 노래와 춤을 이용하였음을 알 수 있다. 그런가 하면 「기이」편 〈수로부인〉조에는 '헌화가'와 '해가'라는 노래의 가사가 실려 있어, 이들 노래를 통해 수로부인 전승의 세부 모습을 어렴풋이나마 짐작할 수 있다.

특히 「기이」편의 〈처용랑 망해사〉조에 나오는 처용가와 처용무는 처용 전승에 더욱 다양한 컬러를 보태고 있으며 거기에다 '어무상심', '옥도금', '지백급간' 등 헌강왕과 관련된 춤들은 여느 춤과는 달리 국가의 명운命運과 관련된 춤이었음을 암시하고 있어 구구한 해석을 낳고 있기도 하다.

우리는 이런 식으로, 이삭을 줍는 방식으로나마 『삼국유사』를 통하여 고대로의 시간여행을 떠날 수도 있는 것이다.

불교서

한국 고대 불교사의 체계화

『삼국유사』는 그 내용으로 볼 때 크게 역사편과 불교편으로 구분할 수 있다. 『삼국유사』를 불교라는 관점에서 볼 때에 이는 다시 몇 개의 세부분야로 나누어질 수 있다. 우선 『삼국유사』는 우리나라의 고대불교사이며 둘째, 고승전이기도 하며 마지막으로 불교신앙사례집으로도 꼽을 수가 있다는 것이다.

불교 전래와 관련된 『삼국유사』의 기록은 그 내용에 있어『삼국사기』에 나오는 것과 그다지 차이가 없다고 할 수 있지만 한편으로는 다른 점이 있다. 『삼국사기』는 기전체라는 중국 사서史書의 전통적 기록체계에 억매여 불교 전래 기사들을 세 나라의 본기 중에 여기저기 흩어서 기록할 수밖에 없었다. 이에 비해 『삼국유사』는 불교 전래 기사들을 「흥법」

편 한 군데에 모아 고구려, 백제, 신라 순으로 차례로 기록하고 있다는 점에서 『삼국사기』보다는 훨씬 읽기에 편하다. 뿐만 아니라 『삼국유사』는 삼국의 불교 전래 사실의 기록에만 그치지 않고, 백제에서의 불교 진흥, 고구려에서의 도교 진흥과 불교 억압 사실 등도 기록하고 있는데 이 점은 『해동고승전』에도 기록이 없다는 점에서, 『삼국유사』가 최초로 한국 고대불교사의 체계화를 시도했다고 말할 수 있을 것이다.

여기에다 『삼국사기』에는 없는 가야 불교 관련 기사도 단편적이나마 「기이」편 〈가락국기〉조와 「탑상」편 〈금관성 파사석탑〉조에서 언급됨으로써 『삼국유사』의 기사들이 나라별로 비교적 체계적으로 서술되고 있음을 알 수 있다.

다만 『삼국유사』의 근본적인 약점으로 지적되고 있는, 신라 중심의 서술은 불교 관련 기사에서도 예외가 아니다. 고구려 및 백제에의 불교 전래 상황은 〈순도조려〉조와 〈난타벽제〉조의 짤막한 두 기사로 설명되고 있음에 비해 신라에의 불교 전래 상황은 〈아도기라〉조와 〈원종흥법 염촉멸신〉조에서 다양한 사료를 동원하여 매우 상세하게 기술되고 있다. 『삼국유사』의 불교 전래 기사는 「흥법」편에서 시작된다. 그 「흥법」편의 첫머리 기사가 바로 〈순도조려〉조다.

소수림왕이 즉위한 2년 임신壬申은 곧 동진東晋 함안咸安 2년이니 효무제孝 武帝가 즉위하던 해다. 전진前秦의 부견符堅이 사자와 중 순도順道를 시켜 불상과 경문經文을 보내었고 또 4년 갑술甲戌에 아도阿道가 진나라로부터 왔으므로 명년明年 을해乙亥 2월에 초문사肖門寺를 세워서 순도를 거기에 두고 또 이불난사伊弗蘭寺를 세워서 아도를 두니 이것이 구려 불법의 시초다.

―「흥법」편, 〈순도조려〉조 부분

불교는 이렇게 고구려를 통하여 한반도에 처음 전해지게 되었다. 불교 전래가 순조롭기로는 백제의 경우도 고구려와 비슷하다. 〈난타벽제〉조는 "침류왕이 즉위한 갑신(384)에 호승胡僧 마라난타摩羅難陀가 동진東晉에서 오자 그를 맞아서 궁중에 두고 예禮로 공경했다. 이듬해 을유(385)에 새 도읍인 한산주漢山州에 절을 세우고 도승度僧 열 사람을 두었으니 이것이 백제 불법佛法의 시초이다."라고 간략히 전하고 있다.

그러나 신라에의 불교 전래는 다른 두 나라와는 사정이 다르다. 〈아도기라〉조, 〈원종흥법 염촉멸신〉조의 두 기사는 신라에 불교가 전래되기까지 우여곡절이 많았으며 종국에는 순교殉教라는 사태까지 발생했음을 기록하고 있다. 〈아도기라〉조에서는 눌지왕 때 묵호자가 일선군의 모례 집에 왔다가 궁중에까지 들어간 적이 있으나 결국은 불교를 전하지 못했음과, 이어서 아도가 왔다가 역시 소득 없이 자취를 감췄음을 기록하고 있다.

이 과정에서 일연이 '아도화상비'의 비문을 인용하여 서라벌 안의 전불前佛 시대 절터 일곱 곳을 들고 있는 점도 특이하다. 신라의 수도에 전불 시대의 절터들이 있다는 것은 신라가 전불 시대부터 불교와 인연이 있는 불국토로 인식되었음을 나타내는 것으로 신라 초기 불국토사상의 모습을 반영하고 있다.

이어지는 〈원종흥법 염촉멸신〉조에서는 법흥왕이 불교를 받아들이기로 한 데 대해 재래신앙에 젖어 있던 신하들의 완강한 저항에 부딪쳐 염촉, 그러니까 이차돈의 순교殉教가 있고서야 비로소 불교가 공식적으로 받아들이게 되는 과정을 보여 준다. 고구려에 불교가 전래된 지 약 150년 후에야 비로소 신라는 불교를 공인하게 된 것이다. 일단 불교를 수용키로 한 후부터 신라에서 불교가 진흥되고, 불교는 다시 신라 왕실의 왕권강화를 위한 이데올로기로 기능하면서 호국불교의 성격을 강하게 띠게 되는데, 이것이 바로 삼국통일의 밑바탕이 되었던 사정이 다음과 같이 묘사되고 있다.

> 이에 집집마다 불공佛供하여 반드시 대대로 영화롭게 되고 사람마다 불도를 행하여 법리法利를 깨닫게 되었다. 진흥대왕이 즉위한 지 5년 갑자甲子에 대흥륜사大興輪寺를 세우고 대청大淸 초년에 양梁나라 사자 심호沈湖가 사리舍利를 가져왔으며 천수天壽 6년에 진陳나라 사자 유사劉思와 중 명관明觀이 내경內經을 받들어 오니 절과 절이 별처럼 벌려 있고 탑과 탑이 기러기 떼처럼 늘어섰다. 법당法幢을 세우고 범경梵鏡을 다니 용상석도龍象釋徒는 세상의 복전福田이 되고 대소승법大小乘法은 경국京國의 자운慈雲이 되었다. 타방他方의 보살菩薩이 세상에 나타나고(분황芬皇의 진나陳那·부석浮石·보개寶蓋아 낙산洛山·오대五臺를 이름이다.) 서역의 명승이 경내에 강림히였으므로 삼한三韓을 합하여 나라가 되고 사해四海를 통일하여 집을 삼았다.
>
> —「흥법」편, 〈원종흥법 염촉멸신〉조 부분

한국 고승들의 열전

『삼국유사』가 지닌 불교서로서의 두 번째 면모는 고승전이다. 고승전은 이미 당唐 고승전, 속續 고승전, 송宋 고승전 등으로 중국에서 하나의 장르로 정립되어 있던 승려들의 열전이다. 이들 고승전의 포맷을 따른 『해동고승전』에 고구려 이래 초기 전법자傳法者들이었던 순도, 아도, 마라난타 등은 이미 실려 있음에, 『삼국유사』는 「의해」편과 「신주」편에서 이들 초기 전법자들에 이어 신라에서 활동했던 여러 고승들의 행적에 상당한 분량을 할애하고 있다.

『삼국유사』는 「의해」편에서 원광, 보양, 양지, 혜숙과 혜공, 자장, 원효, 의상, 사복, 진표, 승전, 심지, 대현, 법해 등의 승려를 다루고 있고 이어지는 「신주」편에서는 밀본, 혜통, 명랑 등의 밀교 승려들을 다루고 있다. 이 밖에도 〈귀축제사〉조에서는 인도를 찾아갔던 여러 승려들을 한몫 다루고 있고, 〈관동 풍악 발연수 석기〉조에서는 「의해」편 진표의 행적이 보완되고 있다. 〈원광서학〉조에서부터 시작되는 「의해」편 수록 승려 전원이 신라 승려라는 사실은 일연 당대에 이미 고구려나 백제의 불교 관련 문헌들이 인멸되어 버렸음을 간접적으로 말해 주고 있다고 볼 수 있다.

「의해」편 기사에서 일연이 여러 승려들 이름 앞에 붙인 호칭으로 개별 승려들에 대한 일연 나름의 평가가 가미되어 있음을 앞에서 언급한 바 있는데, 일연이 '성사' , '법사' 라는 호칭을 바쳐 다른 승려들에게와는 달리 각별히 대접하고 있는 원효와 의상에 관해서 〈원효불기〉조와 〈의상전교〉조 기사 중에서 각각 한 대목씩 인용해 본다.

원효가 이미 계戒를 잃어서 총총聰을 낳은 뒤로는 속복俗服을 갈아입고 자호自號를 소성거사小姓居士라 하였다. 우연히 광대가 가지고 춤추고 히롱하던 큰 박을 얻었는데 그 형상이 이상하므로 그 형상을 본떠 도구를 만들고 화엄경의 일체무애인一切無碍人 일도출생사一道出生死로서 이것을 무애無碍라 하고 인하여 노래를 지어서 세상 전하였다. 일찌기 이것을 가지고 여러 마을에 다니며 노래하고 춤추어 화영化詠하고 돌아왔으므로 오막살이 집 더벅머리 아이라도 모두 불타佛陀의 호號를 알며 모두 염불念佛 한마디는 할 줄 알게 되었으니 원효의 교화가 참으로 크다.

―「의해」편, 〈원효불기〉조 부분

세상이 전하기를 의상義湘은 금산보개金山寶盖의 화化한 몸이라 제자에 오진悟眞·지통智通·표훈表訓·진정眞定·진장眞藏·도융道融·양원良圓·상원相源·능인能仁·의적義寂 등 십육덕十六德이 영수領袖가 되니 모두 아성亞聖이었고 각각 전傳이 있다. 오진은 일찍 하가산下柯山 견암사鵝岩寺에 있어서 밤마다 팔을 펴서 부석실浮石室의 등불을 켰고 지통은 추동기錐洞記를 지으니 대개 친히 가르침을 받았으므로 묘한 말이 많고 표훈表訓은 일찌기 불국사에 머무르며 항상 천궁天宮에 왕래하였다.

―「의해」편, 〈의상전교〉조 부분

일연은 또, 밀교 승려들을 「의해」편이 아닌 「신주」편에서 따로 다루고 있다. 문두루 비법으로 당군唐軍을 물리친 명랑明朗과 밀교 종파 신인종에 관한 기록은 『삼국유사』에 「신주」편 〈밀본최사〉조의 한 구절, 「의해」편 〈의상전교〉조의 한 구절, 「신주」편 〈명랑신인〉조 전체, 「기이」편 〈문무왕 법민〉조의 일부 등으로 흩어져 실려 있다. 이 기사들을 모아 보면 명랑과 신인종에 관한 스토리가 다음과 같이 재구성될 수 있다.

(전략) 이보다 앞서 밀본의 후손後孫에 고승 명랑이란 이가 있어 용궁에 들어가 신인神印(범서梵書에 이르되 '문두루文豆婁' 라 하였고 여기는 신인神印이라 하였다.)을 얻어 와서 신유림神遊林(지금의 천왕사天王寺)을 세우고, 여러 번 인국隣國의 침노함을 빌어서 물리쳤었다.

―「신주」편, 〈혜통항룡〉조 부분

(전략) 총장總章 원년 무진(668)에 당나라 장수 이적李勣이 대병大兵을 거느리고 신라와 함께 구려를 멸하였다. 그 뒤에 남은 군사가 백제에 머물러 장차 신라를 치려 하더니 신라 사람이 알고 군사를 내어 막았다. 고종高宗이 듣고 크게 노해서 설방薛邦을 명命하여 군사를 일으켜 치려하니 문무왕文武王이 듣고 두려워하여 사師를 청請해서 비법을 열어 빌게 하니 이로 인하여 신인종神印宗의 조祖를 삼았다.

—「신주」편, 〈명랑신인〉조 부분

본국 승상 김흠순金欽純(혹은 인문仁問이라한다.)·양도良圖 등이 당나라에 갔다가 가쳤더니 고종이 장차 크게 군사를 일으켜 동東으로 치랴고 하거늘 흠순 등이 가만히 의상을 보내어 먼저 가도록 달래어 함형咸亨 원년 경오(670)에 나라로 돌아왔었다. 일이 조정에 들리니 신인대덕神印大德 명랑明郞을 명하여 거짓 밀단법密檀法을 베풀어 기도하여 나라의 난을 면하였다.

—「의해」편, 〈의상전교〉조 부분

이렇게 밀교 종파 신인종은 문두루 비법을 동원하여 외적을 물리침으로써 왕실의 안위安危, 요즘 식으로 말하자면 정권안보에 큰 기여를 하게 되어 호국불교의 대표격이 되었다. 명랑을 우두머리로 하는 신인종은 신라가 삼국을 통일하고 중앙집권국가의 체제를 갖추기 시작하는 시기에, 왕권 강화 및 전제화 과정에서 그 사상적 기반을 제공함으로써 일정하게 정치적 역할을 담당했다고 볼 수 있다. 그리고 이러한 전통은 안혜, 낭융을 거쳐 통일신라 말에 이르렀고 이 무렵 광학, 대연 등이 고려 태조 왕건을 도와 해적을 물리치는 공을 세운 이후, 고려 왕조에서도 신인종이 계속 맥을 이어 내려오게 된다.

불교신앙 사례집

『삼국유사』를 불교서로서 접근할 때 단연 돋보이는 것이 『삼국유사』 곳곳에 등장하는 불교신앙 사례들이다. 이들 신앙 사례들은 「탑상」편과 「감통」편에 집중되어 있는데, 『삼국유사』에 실린 주요 신앙 사례별로 보면, 정토신앙으로서의 미륵신앙과 미타신앙이 있고 이와 밀접히 얽혀 있는 관음신앙이 있다.

미타신앙은 정토 삼부경으로 불리는 『무량수경』, 『아미타경』, 『관무량수경』 등에 의지하여 서방 극락정토에 왕생하고자 하는 신앙이다. 『삼국유사』에 나타나는 미타신앙의 예를 보면 왕족 또는 귀족들의 경우, 「탑상」편 〈남월산〉조, 〈무장사 미타전〉조에서 보이듯 죽은 가족들의 극락왕생을 기원하는 경우가 대부분이고, 일반 백성들의 경우에는 「감통」편 〈욱면비 염불서승〉조나 〈광덕 엄장〉조에서처럼 계집종이니 평범한 백성이 현신왕생 또는 현신성불한다던가 하는 경우가 많다. 어느 경우든 개인적인 차원의 신앙 성향을 보이지만 신분계층에 따라 신앙의 양상이 달리 나타나고 있는 점이 이색적이다. 〈광덕 엄장〉조를 한번 보자.

문무왕文武王 때에 광덕光德과 엄장嚴莊 두 중이 있어 친하게 사귀었더니 밤낮으로 언약하되 먼저 안양安養으로 돌아가는 이는 아무쪼록 알게 하자 하였다. 광덕은 분황芬皇 서리西里에 은거하여 신 삼는 것으로 일을 삼아 처자를 데리고 살며, 엄장은 남악南岳에 암자를 짓고 부지런히 농사를 짓더니 어느 날 해 그림자는 붉은 것을 끌고 솔 그늘은 고요히 저물었는데 창 밖에 소리가 있어 이르기를 나는 이미 서쪽으로 가노니 그대는 잘 있다가 속히 나를 좇아오라. 엄장이 창을 열고 나가보니 구름 밖에 천악天樂 소리가 나

고 광명이 땅에 드리었거늘 이튿날 그 집을 찾아가니 광덕이 과연 죽었는
지라. 그의 안해와 함께 뼈를 거두어 호리蒿里에 장사지내고 그의 안해에게
이르되, 그대의 남편이 죽었으니 나와 같이 사는 것이 어떠하뇨. 부인이 좋
다 하므로 그곳에 머물러서 밤에 자다가 간통하려 하니 부인이 듣지 않고
말하기를, 법사가 정토淨土를 구함은 나무에서 물고기를 구하는 것 같도다.
엄장이 놀라고 괴이히 여겨 묻되, 광덕도 이미 그러했거늘 나인들 무슨 해
로움이 있으리요. 부인이 말하기를, 남편은 나와 십여 년을 같이 살았으되
하루 저녁도 벼개를 같이한 일이 없었거늘 하물며 더러움을 접촉했으리요.
다만 밤마다 몸을 단정히 하고 바로 앉아서 한 목소리로 아미타불을 부르
고 혹 16관법灌法을 지어 관법이 이미 연숙練熟하매 달이 창에 들어오면 그
빛을 타서 가부加趺하고 앉았으니 정성을 다함이 이 같은지라. 아무리 서방
정토로 가지 않으려 한들 어디로 가리요. 대개 천릿길을 가는 이가 한 걸음
에 정하나니 지금 법사의 하는 일은 동東으로 갈 것 같고 서西로는 갈 것 같
지 않다 하니, 엄장이 부끄러워 물러가서 곧 원효법사를 찾아가 간곡히 진
요津要를 구하니 원효가 쟁관법錚灌法을 지어 가르치었다. 엄장이 그제야
몸을 깨끗이 하여 뉘우치고 일심으로 관법을 닦아서 또한 서쪽으로 올라갔
다. 쟁관법은 효사曉師 본전本傳과 해동海東 승전僧傳 속에 있다. 그 부인은
곧 분황사芬皇寺의 종이니 대개 19응신應身의 한 중이었다. 일찌기 노래가
있어 이르되,

달아, 이제
서쪽을 지나갈 것가?
무량수불 앞에
말씀을 가져다 전해다오.

다짐이 깊으신 부처님 우러러

두손 모아 꽂으며 사뢰기를

원왕생願往生 원왕생

염원하는 사람 있다 전해 다오.

아야, 이 몸을 끼쳐 두고

48 큰 소원 이루어질까.

―홍기문 역

―「감통」편, 〈광덕·엄장〉조 전문

미타신앙과 함께 당시 널리 유행했던 신앙형태로 미륵신앙이 있다. 미륵신앙, 그중에서도 특히 미륵하생신앙은 미륵이 하생하면 용화3회를 통하여 모든 사람들이 구원을 받는다는 집단적인 구원사상이라고 말할 수 있다. 『삼국유사』에 나타나는 미륵신앙에서는, 관음신앙이나 미타신앙에서처럼 개인적, 이기적인 측면이 강조되기보다는 집단적, 이타적인 면을 내세우는 '이타행利他行'이 강조된다. 신라에서는 이러한 집단적 '이타행'이 정치적인 상황과 결합되면서 호국불교적인 성격을 띠기도 한다. 이러한 예로, 술종공이 죽지령에서 치도治道하는 거사를 만난 후, 태몽으로 거사의 꿈을 꾸고 돌미륵을 세운 후에 얻게 된 아들 죽지랑이 후에 김유신을 도와 삼국의 통일에 역할을 하게 된다는 〈효소왕 대 죽지랑〉조라든가, 경덕왕이 나라를 다스린 지 24년에 오악五岳과 삼산신三山神들이 때때로 나타나서 대궐 뜰에서 왕을 모시기도 하여, 충담사에게 안민가를 지어달라고 했다는 〈경덕왕 충담사 표훈대덕〉조를 들 수 있다. 이러한 미륵사상의 호국불교적 성격은 화랑도와 연결되어 미륵이 화랑으로 출현한다는 믿음으로 이어지는 사정이 「탑상」편의 〈미륵선화 미시랑 진자사〉조에 반영되기도 했다.

이에 진자眞慈가 임금의 뜻을 바뜰고 무리를 모아 여염간에서 널리 구하니 한 적은 낭郎이 미채眉彩가 수려하여 영묘사靈妙寺의 동북쪽 길가 나무 아래에서 파사婆娑히 놀고 있는지라. 진자가 놀라 맞아 가로되 이 낭이 바로 미륵선화이라 하고 곧 나아가 묻기를 낭의 집이 어디 있으며 성명을 듣기 원하노라. 낭이 대답해 가로되 내 이름은 미시未尸요 어렸을 때에 부모가 구몰俱沒하여 성은 알지 못한다 하거늘 이에 견여肩輿를 태워 왕께 들어가 뵈니 왕이 공경하고 사랑하여 국선國仙을 삼으매 그 자제에게 화목하는 것과 예의와 풍교風敎가 범상한 사람과 달라서 풍류가 세상에 빛난 지 거의 칠년 만에 홀연히 간 곳이 없어졌다. 진자가 매우 슬퍼하였으나 그의 자택 慈澤을 입고 청화淸化를 받아 스스로 뉘우쳐서 도를 닦더니 그도 또한 만년에 죽은 곳을 알지 못하게 되었다.

—「탑상」편, 〈미륵선화 미시랑 진자사〉조 부분

그런가 하면, 「탑상」편 〈남백월이성〉조는 하대 신라사회의 미타신앙과 미륵신앙과의 관계를 보여 주는 적절한 예가 되고 있다.

백월산白月山의 동남쪽 선천촌이라는 마을에는 노힐부득과 달달박박이라는 두 사람이 살고 있었다. 20세가 되자 마을 동북쪽 고개 밖에 있는 법적방法積房에 가서 머리를 깎고 중이 되었다. 얼마 되지 않아, 이들은 각각 서남쪽 치산촌雉山村 법종곡法宗谷 승도촌僧道村에 있는 대불전大佛田·소불전小佛田의 두 마을로 가서 살았다. 어느 날 밤 꿈에 백호白毫의 빛이 서쪽에서 오더니 빛 속에서 금빛 팔이 내려와서 두 사람의 이마를 쓰다듬어 주었다. 두 사람은 드디어 백월산 무등곡無等谷으로 들어갔다. 박박은 북쪽 사자암에 자리잡고 판방에 거처하고, 부득은 동쪽 고개 너덜 아래 뇌방에 거처하면서, 부득은 미륵불을 성심껏 구했고, 박박은 미타불을 경례하고 염송念誦했다.

3년이 가까워가는 기유己酉(709) 4월 8일에 해는 저물어 가는데 나이 스물이 가깝고 매우 아름다운 낭자가 난초 향기와 사향 냄새를 풍기면서 북암北庵에 와서 자고 가기를 청했다. 박박은 거절하고 문을 닫고 들어갔다.

낭자는 남암南庵으로 찾아가서 똑같이 청하니 부득이 말했다. "그대는 이 밤중에 어디서 왔는가." 낭자가 대답했다. "맑기가 태허와 같은데 어찌 오고 가는 것이 있겠습니까. 다만 어진 선배의 바라는 뜻이 깊고 덕행이 높고 굳다는 말을 듣고 장차 도와서 보리菩提를 이루고자 해서일 뿐입니다."

부득은 그를 맞아 읍하고 암자 안에 있게 했다. 밤이 이슥했을 때 낭자가 부득을 불러, 산고産故가 있으니 짚자리를 준비해 달라고 하여 부득이 응해 주자 낭자는 해산을 끝내고 목욕하기를 청했다. 부득이 마지못하여 낭자를 통 안에 앉히고 물을 데워 목욕을 시키니 통 속 물에서 향기가 강하게 풍기면서 금액金液으로 변했다. 낭자가 말했다. "우리 스님도 이 물에 목욕하는 것이 좋겠습니다." 부득이 마지못하여 그 말을 좇았더니 갑자기 정신이 상쾌해지는 것을 깨닫고 살결이 금빛으로 되고, 그 옆을 보니 졸지에 연대蓮臺 하나가 생겼다. 낭자가 부득에게 앉기를 권하고 말한다. "나는 관음보살인데 여기 와서 대사를 도와 대보리大菩提를 이루도록 도운 것이오." 말을 마치자 이내 보이지 않았다.

박박이 부득에게 가서 보니 부득이 연화대에 앉아 미륵존상이 되어 광명을 내뿜고 있었다. 박박이 그 까닭을 물어 부득이 자세히 말해 주니 박박은 탄식했다. "나는 마음속에 가린 것이 있어서, 다행히 부처님을 만났으나 도리어 대우하지 못했으니, 그대가 나보다 먼저 이루었소. 부디 옛날 교분交分을 잊지 마시고 일을 함께 하시기 바랍니다." 부득이 통 속에 금액이 남았으니 목욕을 하라고 하여 박박이 목욕하여 부득과 같이 무량수無量壽를 이루었다. 산 아래 마을 사람들이 이 말을 듣고 다투어 와서 우러러보고 감탄했다. 두 부처는 그들에게 불법佛法의 요지를 설명하고 나서, 온몸으로 구름을 타고 가 버렸다.

─「탑상」편, 〈남백월이성 노힐부득 달달박박〉조(축약)

이 설화의 마지막 성도成道 부분을 두고 "미륵보살이 먼저 성불한 후 그 도움으로 아미타불이 성불하게 되었으므로 미륵신앙이 미타신앙보다 우월하다."고 말하면서 "아미타불은 청정한 계율만 지킬 뿐 대승불교의 핵심사상인 중생구제에는 미륵존상보다 하위에 있으며 성불의 보조자 내지 매개자로 등장하는 관음보살이 대승불교의 핵심으로 등장했다."고 주장하는 입장이 있는가 하면, 미타와 미륵, 관음이 정토삼불淨土三佛이므로 이 설화는 "관음이 중생으로 하여금 미륵정토와 미타정토에 이르도록 이끌어주는 정토신앙을 포용하고 있다."고 보는 입장도 있다.

역사서

『삼국유사』와 『삼국사기』

역사서로서의 『삼국유사』는 흔히 『삼국사기』와 비교된다. 이 경우 『삼국사기』가 유교의 합리주의적 사관史觀으로 서술된 이른바 정사正史로 대접받고 있음에 비해, 『삼국유사』는 불교의 신이사관으로 서술되어 정사인 『삼국사기』를 보완하는, 보조적 위치에 놓이게 된다. 『삼국사기』는 기전체紀傳體라는 중국의 정통 역사 기술 체제에 따라 신라, 백제, 고구려 3국의 역사를 본기와 열전으로 나누어 소상히 기록하고 있다. 이에 비해 『삼국유사』는 3국의 역사 기록 분량이 『삼국사기』보다 현저하게 적을 뿐 아니라 그나마 3국 중 신라에 관한 기록을 제외하면 고구려, 백제에 관련한 기록이 영성零星하다는 점에서, 역사 기록으로는 『삼국사기』에 미치지 못하는 실정이다.

그러나 관점을 달리해서 살펴보면 이러한 관계가 역전될 수 있는 소지도 발견된다. 예컨대 『삼국유사』가 삼국 시대를 벗어나 멀리 고조선에서부터 삼국에 이르는 시기를 소략하나마 커버하고 있어 어느 정도 통사通史로서 역할을 하고 있는데, 『삼국사기』는 그렇지 못하다는 점이다. 『삼국사기』는 기술 범위를 철저히 삼국 시대에 한정함으로써 단대사斷代史에 머무르고 있다. 따라서 『삼국사기』는 정사라고 불리기는 하지만 다루고 있는 시대가 삼국 시대로 한정되고 있음에 비해 『삼국유사』의 경우, 그 서술범위가 우리 역사의 시초인 고조선에서 시작하여 삼국 시대까지로, 『삼국사기』가 다루고 있는 범위보다 훨씬 그 폭이 넓다. 이러한 『삼국유사』의 통사적 서술은 『삼국사기』에 없는 또 다른 이점을 보여 주는데 역사학자들이 흔히 지적하고 있는 '한국고대사의 체계화'가 그것이다.

한국고대사의 체계화

『삼국유사』는 고조선에서 삼국 시대까지를 그 서술범위로 삼음으로써 한국사의 시초에 대한 체계화를 시도하고 있다는 점이 「기이」편의 목차에 확연히 드러난다. 「기이」편 목차의 앞부분에 순서대로 나열된 국가

1. 고조선 → 위만조선 → 마한 → 2부 → 78국 → 낙랑국 → 북대방 → 남대방 → 말갈·발해 → 이서국 → 5가야
2. 북부여 → 동부여 → 고구려 → 변한·백제 → 진한

명은 다음과 같다.

국가 이름들은 대강 두 계열로 나누어 볼 수 있는데 첫 계열에서는 기자조선을 제외한 점이 눈에 뜨이는 반면, 마한 이후의 순서가 매우 혼란스럽다. 이에 비해 두 번째 계열은 무난히 이어져 대체적으로 한국고대사의 맥을 짚어보려는 의도가 엿보인다.

이러한 순서는, 체계상으로는 『삼국사기』에 없는 고조선—마한까지의 공백을 메우고 있다는 점에서, 그리고 내용적으로는 고고학적 성과로 보아 절대 빠뜨릴 수 없는 5가야(가락국)를 되살려 놓았다는 점에서 매우 긍정적이다. 이러한 고대사의 체계화는 『삼국유사』를 배격하는 유교 사가史家들에게까지 영향을 주기에 이르렀다.

신이사에 숨어 있는 역사적 진실

조선 시대 유학자들은 『삼국유사』 중에서 큰 비중을 차지하고 있는 불교 관련 기사들에 대해서 많은 비판을 하고 있다. 이기백은 「삼국유사』 기록의 신빙성 문제」라는 글에서 유학자들의 비판을 이렇게 열거하고 있다.

그 기재한 바는 모두 허황[荒誕不經]한 것이어서 믿을 수가 없다.

―『신증동국여지승람』, 권6(경기)

그 설은 허황[荒誕]하다.

―이규경, 『오주연문장전산고』, 권50(사적류)

이 책은 본래 불씨佛氏가 교敎를 세운 원류原流를 적기 위해서 지은 것이다.
고로 간혹 연대를 참고할 만한 것이 있기는 하나 이는 오로지 이단의 허황
[虛誕]한 설이다.

−안정복, 『동사강목東史綱目』

조선의 유학자들이 한결같이 '허황함'을 문제 삼고 있는 데에 대해
이기백은 『삼국유사』를 옹호하고 있는 최남선의 글을 인용하고 있다.

일언一言으로 폐蔽하고 고사古事를 원형대로 보고자 아니하면 모르거니와
그렇지 아니하면 『삼국유사』의 고마움을 심감深感치 아니치 못할 것이요,
『삼국유사』를 덮어놓고 고마워하려 하면 모르거니와 그렇지 아니하면 고
마운 소이가 그 이른바 탄괴誕怪함에 있음을 절감치 아니치 못할지니…….

−최남선, 『삼국유사해제』

우리가 『삼국유사』에 고마워해야 하는 이유는 바로 『삼국유사』의 '탄
괴함'에 있다고 최남선이 강조하는 것은 그 탄괴함에서 고사古事의 원형
을 찾을 수 있기 때문이며, 이는 또 일연이 『삼국유사』를 편찬하면서 기
록을 취하는 기준을 '신이'에 두고 있는 점과 통하고 있다. 이렇게 볼 때
『삼국유사』가 연표에 해당하는 「왕력」편을 제외한다면 사실상 첫머리가
되는 「기이」편 거의 전체를 '신이'에 바탕을 두고 있는 '허황한' 기사로
채우고 있다는 점은 오히려 당연하다고 할 수 있을 것이다.
　　이기백은 『삼국유사』 기록의 신빙성 문제와 관련하여, 「기이」편 〈경
덕왕 충담사 표훈대덕〉조에서 경덕왕 때에 표훈이 하늘을 오르내렸다든

가, 「감통」편 〈욱면비 염불서승〉조에서 계집종 욱면이 염불하여 지붕을 뚫고 서쪽 정토로 날아갔다는 기록을 문자 그대로 믿을 수는 없다는 점을 지적하면서 이렇게 말하고 있다.

그러나 이것은 결코 이들 기록이 무의미하다는 뜻은 아니다. 예컨대 표훈이 하늘로 오르내렸다는 것은 전제군주 경덕왕이 꼭 아들을 낳아 그 아들에게 왕위를 계승시키려고 한 사실을 나타내 주는 것으로 이해한다면 이 기록은 새로운 의미를 지니는 것으로 이해가 된다. 또 욱면의 신심에 감동한 사람들이 그는 필시 산 몸으로 정토왕생을 한 것으로 믿기에 이르렀다고 생각한다면 이 또한 새로운 의미를 지니는 것이다. 이와 비슷한 왕생 설화가 중국의 불교사화에 있어서, 욱면의 이야기가 그를 본뜬 것이라고 하더라도 하등의 상관이 없는 일이다.

말하자면 이들 기록은 어떤 역사적 사실을 신화나 설화의 형식을 빌려 과장해서 나타냈다고 할 수밖에 없게 된다. 그러므로 『삼국유사』는 역사를 신화나 설화의 형식을 빌려 표현하던 단계의 기록들을 그대로 보전해 준 것이 된다고 하겠다. 따라서 『삼국유사』의 기록들은 신화학이나 종교학 혹은 민속학 인류학 같은 인접과학의 도움을 빌린다면 그 과장된 표현들 속에 살아있는 역사적 진실에 접근할 수 있을 것이라 믿는다.

―이기백, 「『삼국유사』 기록의 신빙성 문제」, 『한국고전 연구』, 130쪽

『삼국유사』와 『삼국사기』의 역사기술

신화학이나 종교학 혹은 민속학 인류학 같은 인접과학의 도움으로 역

사적 진실에 접근할 수 있을 것이라던 이기백의 희망은 멀리 갈 것도 없이 역사학 자체에서 그 결실을 보이기 시작했다. 그 예로 우리는 『삼국사기』 신라본기 〈진지왕〉조의 기사와 『삼국유사』 「기이」편 〈도화녀 비형랑〉조 기사를 비교하면서 〈도화녀 비형랑〉조 기사에서 숨은 역사를 찾아낸 역사학자 김기흥의 글 「도화녀 비형랑조의 역사적 진실」(『한국사론』, 4·42합집, 1999)을 들 수 있다. 『삼국유사』와 『삼국사기』의 관련 기사는 각각 다음과 같다.

진지왕이 왕위에 올랐다. 그의 이름은 사륜(혹은 금륜이라고도 한다.)이며, 진흥왕의 둘째 아들이다. 어머니는 사도부인이다. 왕비는 지도부인이다. 태자가 일찍 죽었으므로 진지가 왕위에 올랐다.

원년, 이찬 거칠부를 상대등으로 임명하여 국사를 맡겼다.

2년 봄 2월, 왕이 직접 신궁에 제사지내고 대사령을 내렸다. 겨울 10월, 백제가 서쪽 변경의 주군을 침범하자, 이찬 세종으로 하여금 군사를 거느리고 출동하게 하였다. 세종은 일선 북쪽에서 이들을 격파하고, 3천7백 명을 목 베었다. 내리서성을 쌓았다.

3년 가을 7월, 진陳에 사신을 보내 토산물을 바쳤다. 백제의 알야산성을 점령하였다.

4년 봄 2월, 백제가 웅현성과 송술성을 쌓아 산산성·마지현성·내리서성의 통로를 막았다. 가을 7월 17일, 왕이 별세하였다. 시호를 진지라 하고 영경사 북쪽에 장사지냈다.

-『삼국사기』 신라 본기, 〈진지왕〉조

제25 사륜왕舍輪王의 시호諡號는 진지대왕眞智大王이요 성은 김씨이니 비妃

는 기오공起烏公의 딸 지도부인知刀夫人이다. 대건大建 8년 병신丙申에 즉위하니 어국御國한 지 4년에 정사政事가 어지럽고 또 황음하므로 국인国人이 폐하였다. 이보다 앞서 사량부沙梁部의 서녀庶女가 얼굴이 고와서 모두 부르기를 도화랑桃花娘이라 하니 왕이 듣고 궁중에 불러두고 관계하자 하거늘 여자가 이르되 여자가 지켜야 할 것은 두 남편을 섬기지 않는 것이니, 남편이 있고 다른 데로 가는 것은 비록 만승萬乘의 위엄이라도 빼앗지 못하나이다. 왕이 가로되 죽이면 어찌하려느냐 하니 여자가 이르되 차라리 죽을지언정 다른 것은 원하지 않나이다. 왕이 희롱하여 말하기를 네 남편이 없으면 되겠느냐, 이르되 그러면 될 수 있나이다 하니 왕이 놓아 보내었다. 그 해에 왕이 폐함을 당하고 붕朋하였더니 3년 만에 그 남편이 또한 죽은지라. 열흘쯤 되어 홀연히 밤중에 왕이 생시와 같이 여자의 방에 와서 이르기를, 네가 이전에 허락이 있었고 지금 또 네 남편이 없으니 어떻게 할 것이냐. 여자가 가벼이 허락하지 아니하고 부모에게 고하니 부모가 이르기를 군왕郡王의 말씀을 어찌 어기랴 하고 그 딸로 하여금 방에 들어가게 하여 7일을 모셔 머무르매 항상 오색구름이 집을 덮고 향기가 방에 가득하더니 7일 후에 홀연히 왕의 자취는 없어지고 여자는 태기가 있다가 달이 차서 해산하려 할 때에 천지가 진동하고 한 남아를 낳으니 이름을 비형鼻荊이라 하였다. 진평대왕이 그 이상한 것을 듣고 궁중에 데려다가 기르더니 나이 열다섯에 이르러 집사를 시키니 밤마다 멀리 도망가서 노는지라. 왕이 용사 50인으로 하여금 지키게 하였더니 매양 월성月城을 넘어 서西으로 황천荒川 언덕 위에 가서 귀신의 무리를 데리고 노는 것을 용사가 수풀 속에서 엿보니 귀신들이 여러 절 새벽 종소리를 듣고 각각 흩어지며 랑도 또한 돌아가는지라. 군사가 이 일을 아뢰니 왕이 비형을 불러 이르되 네가 귀신을 데리고 논다는 것이 참말이냐. 랑이 이르기를 그러하나이다. 왕이 이르되 그러

면 네가 귀신들을 데리고 신원사 북쪽 개천에 다리를 놓으라 하니 비형이
칙명을 바뜰고 그 무리를 시켜서 돌을 다듬게 하여 하룻밤에 큰 다리를 놓
았으므로 귀교鬼橋라 하였다. 왕이 또 묻기를 귀신들 가운데 인간으로 출현
하여 정사政事를 도울 자가 있느냐. 가로되 길달吉達이라는 자가 정사를 도
울 만하나이다. 왕이 데리고 오라 하였더니 이튿날 비형이 같이 와서 집사
를 시키니 과연 충직함이 쌍雙이 없었다. 이때에 각간 임종林宗이 아들이
없으므로 왕이 칙명하여 아들을 삼게 하니 임종이 길달을 명하여 흥륜사
남쪽에 누문樓門을 세우게 하고 밤마다 그 문 위에 가서 자게 하였으므로
길달문이라 하였다. 어느 날 길달이 여우로 변하여 도망해 가니 비형이 귀
신을 시켜 잡아 죽였으므로 그 무리가 비형의 이름을 듣고 두려워하여 달
아나니 그때 사람들이 사詞를 지어 이르되,

성제聖帝의 넋이 아들을 낳았으니,
비형랑鼻荊郎의 집이 바로 그곳일세.
날고뛰는 모든 귀신의 무리,
이곳에는 아예 머물지 말라.

라고 하니 향속鄕俗에 이 사詞를 붙여서 귀신을 물리쳤다.

―「기이」편, 〈도화녀 비형랑〉조 전문

『삼국사기』가 무미건조하게 진지왕 대의 정치, 군사적 사건을 나열하
고 있음에 비해, 『삼국유사』는 진지왕과 도화녀의 로맨스를, 그것도 진
지왕이 죽은 후에 도화녀를 찾아와 사랑을 나누었다는, 환상적이고 엽
기적인 방식으로 전하고 있다. 얼핏 보아 『삼국유사』의 이야기는 역사와

는 전혀 동떨어진 야담이나 황당무계한 유언비어에 지나지 않는다. 역사학자 김기흥은 그러나 이처럼 황당무계한 『삼국유사』의 기사에서 역사를 읽어 내고 있다. 그가 읽어낸 〈도화녀 비형랑〉조의 역사적 진실은 다음과 같다.

1) 이 설화는 진평왕 초기의 정치 상황을 상징적으로 반영하고 있는 바, 설화 속의 비형은 진지왕의 유복자이며 비형의 어머니 도화녀는 낮은 골품 출신의 여자이다.

2) 진지왕이 퇴위했던 이유는 '정란황음'이 아니라, 원래 적통이었던 진평 왕계와의 힘겨루기에서 패배했기 때문이다.

3) 비형이 월성을 넘어가서 황천가에서 귀신들과 노는 일은 화랑으로서 낭도들을 거느리게 됨을 의미한다. 비형은 길달이라는 낭도를 추천하여 귀교를 건설했다.

4) 이렇게, 진지왕의 유복자로서, 화랑이었으며 사람을 잘 다루는 솜씨를 가져서, 토목 및 건축 분야에서 사회적 명성을 획득한 역사적 인물은 무열왕의 아버지인 용춘(일명 용수)이다.

5) 용춘이 성골이 되지 못한 이유는 어머니(도화녀)가 정실 왕비가 되기에는 격이 떨어지는 진골 귀족의 딸이었기 때문일 가능성이 크다.

결론적으로 김기흥은 〈도화녀 비형랑〉조의 설화에는, 뛰어난 능력을 가지고 있어 백성들이 신망했던 용춘에 대한 백성들의 아쉬움과 안타까움이 담겨 있다는 것이다. 말하자면 백성들이 진지왕을 동정과 연민의 대상으로 보고 있었다는 말인데, 그는 진지왕을 '성제聖帝'라고 부르고 있다는 사실이 이를 반증해 주고 있다고 주장하고 있다.

열성적인 사료 수집과 고증

일연이 『삼국유사』를 편찬하면서 전적으로 '신이사'의 기록에만 의지했던 것은 아니었다. 일연은 열성적으로 사료를 수집하고 아울러 수집된 사료의 전거를 밝히려 노력했으며, 또 이렇게 수집된 사료를 나름대로 고증함으로써 해당 문헌에 대한 자신의 견해를 제시하기도 했다. 일연은 여러 기사에서 자신의 견해를 따로 밝히고 있어, 그 결과 "현대역사가를 놀라게 할 정도의 명쾌한 탁설"(이기백)이 제시되기도 하는데, 우리는 「흥법」편 〈아도기라〉조에서 그 예를 발견할 수 있다. 〈아도기라〉조는 '신라본기'의 인용, 아도본비의 인용, 일연의 논평, 담시曇始의 전기 인용, 일연의 논평 등으로 구성되어 있다. 그 본문을 발췌하여 살펴보자면 다음과 같다.

신라본기 제사第四에 이르기를, 제19 눌지왕 때에 중 묵호자가 구려로부터 일선군에 이르니 군인郡人 모례毛禮(혹은 모록毛祿이라 하였다.)가 집 속에 굴실堀室을 만들고 두었더니 (중략) 또 제21 비처왕 때에 아도화상이 시자侍者 3인과 함께 모례의 집에 왔는데 의표儀表가 묵호자와 같았다. 머무른 지 수년 만에 병도 없이 죽었고 시자 3인이 유주留住하여 경률經律을 강독하니 왕왕이 신봉하는 사람이 있었다.(주註에 말하기를 본비本碑와 모든 전기傳記로 더부러 다르다 하였고 또 고승전에는 서축인이라 하였고 혹은 오나라로부터 왔다 하였다.)

아도본비를 안按하건대, 아도는 구려인句麗人이요 어머니는 고도령이니 정시正始 년간에 조위인曹魏人 아굴마我掘摩가 구려에 사신으로 왔다가 사통하고 돌아갔는데 인하여 아도를 배게 되었다. 아도가 난 지 5세에 그 어머니가 출가하라 하여 16세에 위魏나라에 돌아가 굴마에게 성근省覲하고 현창화상玄彰和尙에게 가서 학업을 받고 19세에 또 어머니에게 귀녕歸寧하니 어머니가 일러 가로되 이 나라가 불법佛法을 모르더니 뒤 3천여월에 계림에 성왕聖王이 나와 크게 불교를 일으켜서 그 서울 안에 일곱 곳의 절터가 있으니 (중략) 모두 전부터 가람의 터이요 법수法水가 장류하던 땅이라 네가 거기 가서 대교大敎를 파양播揚하되 마땅히 동향東向하여 석사釋祀를 바뜰 것이다. 아도가 그 교훈을 받고 계림에 이르러 왕성王城 서리西里에 우거寓居하니 지금 엄장사嚴莊寺인데 그때는 미추왕이 즉위한 2년 계미癸未였다. (중략) 모록毛祿의 누이는 이름이 사씨史氏이니 아도에게 나아가서 중이 되어 삼천기三川歧에 절을 세워 살고 영흥사永興寺라 이름하였더니 얼마 안 되어 미추왕이 세상을 떠나매 국인國人들이 해코자 하는지라. 아도가 모록의 집에 돌아와서 무덤을 만들고 문을 닫고 자절自絶하여 다시 나타나지 아니하니 이로부터 대교大敎도 또한 폐하여 버렸다. 제23 법흥대왕에 이르러 소양蕭梁 천감天監 13년 갑오에 즉위하여 석교釋敎를 일으키니 미추왕 계미까지 252년인데 도령道寧의 말한 3천여 월이란 것이 맞았었다.

시험하여 의논하건대, 양梁·당唐 두 승전僧傳과 삼국본사에 모두 려麗·제濟 이국二國 불교의 시초를 적었는데 진말晉末 대원大元 년간에 있어서 순도順道·아도阿道 두 법사가 소수림왕 갑술에 구려에 온 것이 분명하니 이 전기傳記가 그릇되지 않았다. 만일 비처왕 때에 비로소 신라에 왔다고 하면 이 것은 아도가 구려에 유留한 지 백여 세歲만에 온 것이 된다. 비록 대성大聖의 행지行止 출몰出沒이 비상하다 하여도 반드시 다 그렇지 않을 것이요 또는 신라에서 불교를 바뜸이 이처럼 늦지 않았을 것이다. 또 만일 미추왕 시대라면 구려에 온 갑술보다도 백여 년이나 먼저가 된다. 그때에는 계림에 문물과 예교禮敎가 없어서 국호國號도 정하지 못하였는데 어찌 아도가 봉불奉佛하자고 청할 수가 있을 것이며, 또는 구려에도 오지 않고 건너서 신라에 왔다는 것이 맞지 않는다. 가령 잠시 일어났다가 곧 없어졌다 하더라도 어찌 그 간에 적료무문寂寥無聞하며 향 이름까지도 모르게 되었으랴. 연대를 보아 하나는 너무 뒤지고 하나는 너무 이르다.

또 원위元魏 석담시전釋曇始傳을 안按하건대, 담시曇始는 관중인關中人이니 출가한 뒤로부터 이적異迹이 많았고 진晉 효무孝武 대원大元 9년 말에 경률 수십 부를 가지고 요동에 가서 교화를 베풀어 삼승三乘을 교수하여 곧 계율에 돌아오게 하니 이것이 구려에서 불도를 들은 시초다. 의희義熙 초년에 다시 관중關中에 돌아와 삼보三寶를 개도開導하였다.

의논하여 가로되, 담시가 대원 말년에 해동海東에 와서 의희義熙 초년에 관중에 돌아갔으니 여기에 유留한 것이 십여 년인데 어찌 동사東史에 쓰지 않았는가. 담시가 회궤불측詭恑不測한 사람으로 아도·묵호·난타와 년대 사실이 서로 같으니 3인 중 하나가 그의 변휘變譁한 것인지도 모르겠다.

위의 예에서 일연은 '신라본기', '아도본비', '담시의 전기'를 인용하여 문헌 근거를 분명히 제시하는 한편, 자신의 견해는 "시험하여 의논하건대……" 또는 "의논하여 가로되……"라는 말로 누가 보아도 알아볼 수 있도록 분명히 구분하여 제시함으로써 정통적인 역사기술에 따르고 있다고 할 수 있다.

『삼국유사』의 사학사적 의의

이기백은 「『삼국유사』의 사학사적 의의」라는 글에서 사서史書로서의 『삼국유사』의 서술원칙과 관련하여 그 요점을 두 가지로 간추리고 있다.

첫째는 『삼국유사』에 기술된 고사의 주제들은 체제상의 제약 없이 저자 일연에 의하여 자유로이 선택된 것들이라는 점이며, 둘째는 앞에서도 언급했듯이, 인용된 사료와 저자의 의견을 엄밀히 구분하여 서술하는 방법을 취하고 있다는 점이다.

그리고 이기백은 일연이 이러한 원칙 하에 강한 목적의식을 가지고 자기가 하고 싶은 이야기의 주제를 스스로 선택하여, 선택된 주제에 대하여 자신의 의견을 전거典據 의하여 뒷받침하려고 했던 데에는 일연에게 '간절히 하고 싶었던 이야기' 가 있었기 때문이라고 그 이유를 설명하고 있다. 그래서 일연은 "열성적으로 사료를 수집하고, 수집된 사료의 전거를 밝히려 노력했으며, 또 이렇게 수집된 사료를 나름대로 고증함으로써 해당 문헌에 대한 자신의 견해를 제시하기도 했다."는 것이다.

일연이 '간절히 하고 싶었던 이야기' 가 무엇이었을까? 그것은 바로 '신이의 기록' 인데 이기백은, 비단 「기이」편 기사뿐만 아니라, 종교적인 신앙을 북돋워 주려는 다른 불교 관련 기사들도 여기에 포함된다고 말하면서 『삼국유사』는 '비합리주의를 표방하고 나선 역사서' 라고 규정하고 있다. 그리고 『삼국유사』가 비합리주의를 표방하고 나선 이유를 이렇게 들고 있다.

첫째, 유교의 합리주의 사관史觀에 대한 비판의 뜻이 있었다.

둘째, 역사적 신이에 대한 기록은, 요컨대 한국고대사를 자주적인 입장에서 새로이 이해해 보려는 노력이었다고 생각된다.

셋째, 불교적인 신이에 대한 서술은 신앙의 옹호를 위한 것이었다.

이기백은 이런 규정 끝에 "『삼국유사』의 세계는 그러므로 신화와 전설의 세계이며 신앙의 세계였다. 이 세계는 당시의 사학계가 이루어 놓은 합리주의에의 접근이라는 전진적인 자세와는 다른 복고적인 것이었다."라고 사학사적인 관점에서 『삼국유사』를 규정했다.

이기백은 이렇게 『삼국유사』가 지니는 사학사적 위치를 복고적이라고 규정하면서도 『삼국유사』가 한국현대사학에서 지니는 의의는 별도로 평가하고 있다. 『삼국유사』는 사료적 가치가 높다는 것과 유교의 도덕적 합리주의에 대한 비판적 태도를 취했다는 점이 그것이다.

이렇게 『삼국유사』의 현대적 의의를 평가하면서도 이기백은 『삼국유사』에서 제시된 고대사관古代史觀이 오늘날에도 그대로 통용될 수는 없다고 하면서 "우리는 어쩔 수 없이 신이에 대한 합리적 해석을 새로이 시도해야 하는 것"이라고 새로운 과제를 제시하고 있다.

일연과 그 시대

일연의 시대

일연이 살았던 시대에 관해서는 발표된 논문들이 적지 않다. 그리고 일연이 살았던 시대를 기술하려면 고려사 중의 해당하는 기사들을 간추려 소개하는 것이 정석이다. 그러나 나는 서여 민영규의 '일연과 진존숙'을, 일연의 시대를 잘 말해 주는 글로 꼽는다. 이 글은, 몽고군의 도살과 방화로 얼룩진 수십 년 세월 동안 도탄에 빠진 백성들과 함께 했던 일연의 삶을, 강화도에서 피난하면서 시작詩作으로 명성을 얻었던 이규보의 그것과 비교함으로써 두 극단적인 삶의 모습을 보여 주는가 하면, "화전민과 더불어 십년을 같이 사는 동안에 제대로 담근 장醬을 맛본 적이 한번도 없었다."는 송광사 사주社主 원감圓鑑의 말로 일연이 살았던 궁핍의 시대를 한 마디로 표현하고 있다. 이 짤막한 글의 일부를 소개한다.

선승禪僧으로서의 일연의 생애는 몽고군의 고려 침공과 더불어 시종始終을 같이해 있다. 무릇 몽고군이 한번 바람을 일으키고 지나가는 곳이면, 어떤 생명체도 그 뒤에 남기는 법이 없는, 도살과 방화의 연속이었다. 슬라브족의 세계에서 아직도 황화론黃禍論이 숨쉬고 있는 것은 이때 몽고군의 침노가 몰고 간 공포 때문에 고양이 앞의 쥐처럼 유전인자를 심어줬기 때문이라는 학설이 나올 만큼이다. 강화 정부 40년 항거의 역사를 우리는 자랑삼아 이야기하고, 또 그것을 아이들에게 가르치고 있다. 그러나 만일 그 40년이 육지에서의 일방적인 도살극을 강 넘어 먼발치로 바라만 보던 것이었다면, 우리는 그러한 교과서식 사고방식의 mentality를 의심하지 않을 수 없다. 정녕 바다 건너 강화도로 건너가 있는 한, 내 몸 하나의 안전은 보장된다. 일신의 안전을 약속하는 버스의 좌석 수는, 그러나 무한정이 아니다. 극히 적은 수로 제한될 밖에 없다. 이규보도 그중의 한 사람이었다. 『동국이상국집』 전후前後 오십여 권에 담겨진 그의 문장력하며 사조詞藻하며 미상불 대단하다. 이천여 수首 시가詩歌의 내용인즉, 권문세가로 더불어 화조월석花朝月夕, 오고가는 수작에서 그렇게 벗어나는 것이 없다. 간혹 관급官給이 적어서 전날처럼 마음껏 좋은 술을 마실 수 없다는 불평을 투덜거릴 때, 강화 재정財政이 군색해진 때문이겠거니 추측이 갈 정도다. 아예 바다 건너, 도살로부터 쫓기는 백성들의 아우성 따위는 눈을 씻고 찾으려 해도 없다. 이규보가 보료 우에서 죽는 그 날까지 말이다.

가까스로 도망쳐서 생명을 부지한 백성들에게 올바른 경작지를 잃고 살아남을 길이란, 군사상의 전략적 요지에서 멀리 벗어난 산간벽지로 숨어들어, 화전민이 되는 길 밖에 없다. 일연이 왕실에서 주는 호사를 마다하고 평생의 도량으로 삼았던 곳이란 바로 그러한 화전민의 세계다. 일연과 같은 시기의 송광사[修禪寺] 6세 사주社主 원감圓鑑이 남긴 시문집을 보면, 이러한 화전민과 더불어 십년을 같이 사는 동안에 제대로 담근 장醬을 맛본

적이 한번도 없었다는 것이며, 하늘에 떠가는 무심한 구름을 보고도 그것
이 부끄러워 고개를 숙인다는 참회의 기록이 나온다. 지식인으로서의 진정
한 양심과 출가인으로서 진정한 자각이 이때 이분들의 마음을 어떻게 불사
르고 있었던가, 나는 그것을 여기서 발견한다.

―민영규, 「일연과 진존숙」, 『학림』 5집, 1983

이 대목에서 우리는 일연이 살았던 시대를 다시 한번 되돌아볼 필요
가 있다. 고려 건국 이후 전통적 문벌 중심, 문치文治 편중의 귀족 정권이
1170년의 무인정변으로 붕괴되면서 무인정권의 살육과 독재로 문화의
암흑기가 도래하게 된다. 경제적으로는 문신 귀족 정권 때부터 시작된
대토지 횡탈로 농민층이 피폐되면서, 12세기 중반부터 13세기 초반에
이르는 동안 전국적으로 농민, 천민의 항쟁으로 고려사회는 크게 동요
한다. 이런 상황에서 엎친 데 덮친 격으로 몽고군이 침입하게 된다.

1231년 몽고의 첫 침입 때에 굴욕적인 화친으로 몽고 관리들의 간섭
을 받게 된 최씨 정권은 이듬해 몽고군의 2차 침입이 있자 왕을 호위하
여 강화도로 천도한다. 최씨 정권이 전후 6차에 걸쳐 근 30년에 이르는
몽고군의 침략 기간 동안 강화에서 버티는 사이에, 한반도 전체는 몽고
군의 노략 대상이 되어 백성들은 도륙되고, 부인사 초조 대장경, 황룡사
탑과 같은 각종 문화재는 불에 타 잿더미가 되어 버린다.

1258년 강화도의 최씨 정권이 무너지면서 몽고와의 강화講和가 성립
되어 고려는 원나라의 부마국駙馬國으로 전락한다. 원의 노골적인 개입
에 따라 국왕의 책봉과 퇴위, 고려 왕실의 원 황실과의 혼인, 정동행성征
東行省의 설치 등과 같은 이전에 볼 수 없었던 파행적인 정치 현상 등이
발생한다.

일연은 이러한 시대에 『삼국유사』를 썼던 것이다. 이 시기에 일연뿐 아니라 당대의 신진 사인士人, 신흥 선승禪僧들이 등장하여 새로운 역사 추진세력으로 나서고 있는데 역사학자 김태영은 당시의 정황을 이렇게 그리고 있다.

이 같은 문무文武의 독선적인 정권이 자행한 폭압을 겪으면서, 그리고 몽고와의 30년 항전을 치르면서 그 체험의 최전선을 직접 담당하였던 민중 속에서 직접 양성釀成될 수밖에 없는 분노와 저항의 의식이 축적된 사실을 간과해서는 아니 된다. 돌파구를 봉쇄당한 민중의 분노와 저항의식은 곧 역사전통에 대한 민족적 의식으로 심화될 수밖에 없는 것이다. 그리고 이 심화된 민족적 의식이, 보다 지방적이며, 보다 민중 속에서 성장해 온 신진 사인 층이나 신흥의 선승들에게서 더욱 구체적인 인식을 보이게 되었음은 결코 우연한 일이라 할 수 없을 것이다.

(중략)

신진 사인 이규보는 저 고구려 창국創國의 영웅 동명왕의 사적을 읊으면서 "천하로 하여금 우리나라가 본래 성인의 도읍임을 알게 함이라."고 그 동기를 밝히고 있다. 자국의 역사전통에 대한 강렬한 자부의식의 체현體現이었다 할 것이다.

문신 무인을 막론하고 사회와 민중으로부터 유리된 독선적인 귀족 정권의 파벌적인 체질과는 달리, 이들 신흥의 지식층은 보다 넓은 국가적인 차원의 민족의식, 자기의 역사전통에 대한 긍정의 새로운 인식을 체득하고 있었던 것이다.

『삼국유사』는 곧 이러한 의식의 전승에서 빚어진 산물이었다고 생각한다.

그러나 그것은 단순한 전승에서가 아니라, 흉포한 몽고를 상대로 한, 30년

민족의 대항전 속에서 더욱 발전적으로 심화되고, 마침내 뿌리칠 수 없게 된 이민족의 압제라는 현실의 제약 하에서, 신흥의 고려 조계종과 일체 관계에 있던 선승 일연의 손을 빌어 민족의 역사에 관한 일대 서사敍事를 낳게 한 것이었다고 생각한다. 이와 동시대의 소산인 『제왕운기』가, 현실 속에서는 좌절을 면치 못하고 마침내 벽지로 은둔할 수밖에 없었던 신진 사인 이승휴의 손에서 이루어진 사실도 마찬가지였다 할 것이다.

−김태영, 「삼국유사에 보이는 일연의 역사의식에 대하여」, 『경희사학 5』, 1974

돌파구를 봉쇄당한 민중의 분노와 저항의식은 곧 역사전통에 대한 민족적 의식으로 심화되고 이 심화된 민족적 의식이 민족 자주의식으로 발전되었다. 이에 새로운 역사 추진세력으로 등장한 신진 사인, 신흥 선승들에 의해 민족의 자주성에 입각한 한국고대사의 재구성이 시도되어 일연의 『삼국유사』, 이규보의 '동명왕편 서序', 이승휴의 『제왕운기』 등이 나타나게 된 것이다.

일연의 생애

　일연의 생애를 알려주는 문건 중에 대표적인 것이 일연이 입적한 뒤, 민지閔漬가 충렬왕의 명을 받고 지은 보각국사 비문이다. 보각국사 비의 정식 명칭은 '군위 인각사 보각국존 정조탑비'로 '보각普覺'은 충렬왕이 추증한 시호諡號이며, '정조靜照'는 탑호塔號이다.

　비문은, 비 앞면의 양기陽記와 뒷면의 음기陰記로 이루어져 있다. 양기는 그 비문 자체가 심하게 훼손되었지만, 완벽한 탑본이 발견되고 판독과 복원이 이루어져, 이에 관한 많은 연구가 이루어져 있다. 음기는 매우 심하게 훼손되어서, 일부만 판독이 가능할 뿐 복원이 불가능한 상태로 그 전체 내용이 파악되지 않고 있다. 다행히 양기에는 일연의 행장行狀과 그 주변 인물들에 관한 사항들이 기록된 덕분에 일연의 생애를 한눈에 파악할 수 있다.

　다음은 가산불교문화연구원의 지관智冠이 교감·번역·주석한 『교감역주 역대고승비문』 중의 〈군위 인각사 보각국존 정조탑비문〉이다.

대저 맑은 거울과 탁금濁金이 원래 이물二物이 아니요, 혼파渾波와 담수湛水가 그 근원의 물은 똑 같은 것이다. 그러나 그 근본은 같으나, 지말枝末에 있어 다른 것은 거울의 갈고 갈지 않음과 물의 요동搖動하고 요동하지 않는 데 있을 뿐이다. 제불諸佛과 중생衆生의 불성佛性도 또한 거울과 물의 경우와 같아서, 다만 미迷하고 오悟한 차별일 뿐이니, 누가 감敢히 우치하고 슬기로움이 따로 종자種子가 있다고 말할 수 있겠는가? 그러나 현실에 있어서는 지우至愚인 중생으로써 대각大覺인 세존世尊과 비교하면 소양霄壤보다 더 현격한 차이가 있지만, 한 생각을 돌이켜 전미개오轉迷開悟하면 곧 본각本覺인 부처님과 조금도 다름이 없다. 가섭迦葉이 미소微笑함으로부터 달마대사達磨大師가 서천西天에서 중국에 온 이후, 법등法燈과 법등法燈이 상속相續하여 지금至今에까지 이르러 온 것은, 모두 이것에 의한 것이다. 스승이 그의 마음을 전傳함에, 제자弟子는 그 골수骨髓를 얻었다.

이로부터 혜일慧日을 우연虞淵에서 회전迴轉하여 그 신광神光을 상역桑域에 비추게 한 분은 오직 우리 보각국존普覺國尊뿐이라 할 것이다. 국존國尊의 휘는 견명見明이요, 자는 회연晦然이었으나, 뒤에 일연一然으로 바꾸었다. 속성은 김씨金氏요, 경주慶州 장산군章山郡 출신이다. 아버지의 휘는 언필彦弼이니, 벼슬은 하지 않고 교사教師로써만 일생一生을 살았으므로, 죽은 후에 좌복야직左僕射職을 추증追贈받았고, 어머니는 이씨李氏이니, 낙랑군부인樂浪郡夫人으로 봉封하였다. 어느 날 어머니의 꿈에 태양이 방房안에 들어와 그 빛이 복부腹部에 비추기를 사흘 밤을 계속하는 태몽胎夢을 꾸고 임신하여 태화泰和 병인년丙寅年 6월 신유일辛酉日에 탄생하였다. 날 적부터 준

매준邁俊하여 의표儀表가 단정하고, 풍준豊準한 몸매에 입은 방구方口이며, 걸음은 우행牛行이고, 살핌은 호시虎視와 같았다.

어릴 적부터 세진世塵을 벗어나려는 뜻이 있어 나이 즉 연보年甫가 9살 때 해양海陽 무량사無量寺로 가서 취학就學하여 공부를 시작하였는데, 그 총명함이 비길 자가 없었다. 유시有時에는 밤이 새도록 마치 말뚝처럼 위좌危坐하고 있으므로, 사람들이 특이하게 여겼다. 흥정興定 기묘년己卯年에 진전사陳田寺의 대웅장로大雄長老를 은사恩師로 하여 득도得度한 다음 구족계具足戒를 받았다. 이로부터 선방禪房으로 다니면서 참선하여 명성名聲이 점점 높아져서 당시 사람들이 추대하여 구산九山 중中 사선四選의 수장首長으로 삼았다. 정해년丁亥年 겨울 선불장選佛場에 나아가 승과僧科에 응시하여 상상과上上科에 합격하였다. 그 후 포산包山 보당암寶幢庵에 주석하면서 마음에 간절히 선관禪觀을 닦았다. 병신년丙申年 가을에 병란兵亂이 있어 스님께서 피피避할 곳을 찾고자 하여 곧 문수文殊의 오자주五字呪를 념念하면서 감응感應을 기약하였더니, 홀연히 벽간壁間으로부터 문수보살文殊菩薩이 현신現身하여 이르시기를 무주난야無住蘭若에 주석住錫하라고 계시하였다. 그 다음해 여름 다시 이 포산包山 묘문암妙門庵에 거주居住하였으니, 암자 북쪽에 난야蘭若가 있었는데, 그 이름이 무주無住이므로, 곧 전일前日 문수보살이 현신하여 기별記別함을 깨닫게 되었다. 이 암자庵子에 주석하면서 항상 생계生界가 불감不減하고, 불계佛界가 부증不增이라는 부처님 말씀을 참구參究하다가 어느 날 홀연히 활연대오豁然大悟하고, 사람들에게 이르기를 금일今日에야 비로소 삼계三界가 환몽幻夢임을 알고 보니, 진대지盡大地가 섬호纖豪만치도 장애障碍함이 없다라고 하였다.

이 해에 삼중대사三重大師의 법계를 비수批授받았으며, 이어 병오년丙午年에 선사禪師의 법계를 받았다. 기유년己酉年에 상국相國 정안鄭晏이 남해南海에 있는 사제私第를 희사하여 절을 만들어 정림사定林寺라 이름하고, 스님을 청請하여 주지로 추대하였으며, 기미년己未年에 이르러 대선사大禪師의 법계를 받았다. 중통中統 신유년辛酉年에 왕명을 받들어 개경開京으로 가서 선월사禪月社에 주석하면서 개당開堂하고 목우화상牧牛和尙 지눌知訥의 법통을 요사遙嗣하였다. 지원至元 원년元年 가을에 이르러 여러 차례 남환南還을 요청하여, 오어사吾魚社에 우거寓居하였다. 그 후 얼마 되지 않아 인홍사仁弘社 주지 만회萬恢가 일연一然에게 주석主席을 넘겨주었는데, 학려學侶가 구름처럼 모여들었다. 무진년戊辰年 여름 왕명王命에 의하여 선사禪師와 강사講師 등 1백명을 초청하여 대장경大藏經 조조彫造 낙성법회落成法會를 운해사雲海寺에 개설하고, 스님을 청請하여 주맹主盟으로 모시고, 낮에는 금문金文을 독송하고 밤에는 종취宗趣를 담론談論하니, 제가諸家들이 의심하던 바를 스님께서 모두 해박하게 부석剖釋하였으니, 마치 흐르는 물과 같이 유연하여 핵심적核心的인 뜻이 귀에 속속 들어와서 경복敬服하지 않는 이가 없었다.

스님께서 인홍사仁弘社에 주석한 지 11년 만에 이 절이 창건한 지 이미 오래되어 전당殿堂이 퇴락할 뿐 아니라, 또 추애湫隘 즉 지반이 내려앉고, 너무 비좁아서 중수重修하거나, 신건新建하여 회확恢廓하게 확장하고 조정朝廷에 주청하여 인홍사仁弘社를 고쳐 인흥사仁興寺라 이름하고, 어필御筆로 제액題額을 하사 받았으며, 또 포산包山의 동쪽 기슭에 있는 용천사涌泉寺를 중수하여 불일사佛日社로 개칭하였다. 충렬왕 즉위 4년에는 왕이 운문사雲門寺 주지住持로 추대하여 현풍玄風을 크게 천양闡揚하였다. 이로 말미암아 왕은 스님을 공경하는 마음이 날로 깊어져 다음과 같은 찬시讚詩를 지어 보냈다.

밀전密傳함에 어찌 구의摳衣를 필요必要하랴?
금지金地서 서로 만남 기이奇異할 뿐일세
연공璉公도 왕청王請 받아 궐내闕內로 갔거늘
스님은 어찌 백운白雲만 그리십니까?

신사년辛巳年 여름 왕이 동정東征으로 인하여 동도東都로 행차하여 스님께 부행赴行하기를 청하여 주중駐中에서 법문을 듣고 크게 존경심을 일으켜 불일사佛日社에서 결사結社하게 된 그 결사문結社文에 제압題押하여 불일사佛日社에 보관토록 하였다.

다음해 가을 근시장近侍將 조윤祚尹 김군金頵을 시켜 조서詔書를 가지고 궐하闕下로 맞이하여 대전大殿에서 선법문禪法門을 청해 듣고 용안龍顏에 기꺼움이 가득하였다. 이어 왕명王命으로 유사有司에게 시켜 광명사내廣明寺內에 원관院館을 짓게 하여 스님으로 하여금 입원入院케 한 날 밤중에 어떤 사람이 방장실方丈室 밖에 서서 이르기를 "저 왔습니다."라고 하므로, 세 번이나 문을 열고 살펴보았으나 아무도 없었다. 겨울 12월에는 충렬왕이 수레를 타고 친히 스님을 방문하여 법문을 들었다. 다음해 봄 임금께서 군신群臣에게 이르기를 "선왕先王들은 모두 석문釋門 중中에 덕이 높은 스님을 왕사王師로 모시고, 또 더 큰 스님은 국사國師로 추대하였거늘, 부덕否德만이 홀로 그렇게 하지 않는다면 어찌 가可하다고 할 수 있겠는가? 지금 운문화상雲門和尚은 도道가 높고 덕德이 커서 모든 국민이 함께 숭앙崇仰하거늘 어찌 과인寡人이 스님의 자택慈澤을 크게 입었음이랴! 마땅히 모든 국민들과 함께 존숭하리라 하였다.

그리하여 우승지右承旨 염승익廉承益을 보내서 윤지綸旨를 받들어 청청請請하여 합국존사閤國尊師의 예를 행하려 하였으나 스님은 표장表狀을 올려 굳게 사양하였다. 그러나 임금은 사신을 보내서 세 번이나 반복하면서 간청하여 마침내 허락을 받고, 상장군上將軍 나유羅裕 등을 보내어 책봉하여 국존國尊으로 삼고, 호를 원경충조圓徑冲照라 하였다. 4월 신묘일辛卯日에 대내大內로 맞이하고 왕王이 몸소 백료百僚를 거느리고 구의摳衣의 예禮를 행한 다음 국사國師를 고쳐 국존國尊이라 하게 된 것은 대조大朝의 제도인 국사國師란 칭호를 피하기 위해서이다. 스님은 평소에 경연京輦을 좋아하지 않았으며, 또 노모老母를 곁에서 모시기 위해 구산舊山으로 돌아가도록 허락을 비는 그 사의辭意가 심히 간절하여 임금께서 거듭 그 뜻을 어기고 받아들이지 않다가 마침내 윤허允許하시고 근시近侍 좌랑佐郎 황수명黃守命에 명命해서 귀산歸山을 호행護行하여 영친寧親토록 하였으니, 조야朝野가 모두 출가자出家者로써 희유希有한 효심孝心이라고 칭찬이 자자하였다. 그 다음해에 노모老母께서 96세로 별세別世하였다. 그 해에 바로 조정朝廷에서는 인각사麟角寺로써 스님의 하안지지下安之地로 삼고, 근시近侍 김용일金龍釰에게 명命하여 절을 수즙修葺케 하고 또 토지土地 백여경百餘頃을 헌납하여 상주常住를 갖추도록 하였다. 스님께서 이 절에서 구산문九山門의 도회都會를 개설하니 총림叢林의 성황盛況이 근고近古에 비길 데 없었다.

을축년乙丑年 6월 병病이 일어났고, 7월 7일에 이르러 손수 대내大內에 올릴 편지를 쓰고 또 시자侍者를 시켜 편지를 써서 상국相國 염승익廉承益에게 보내어 장왕長往을 알리도록 하고는 모든 선로禪老들과 더불어 날이 저물도록 문답問答하였다. 이날 밤 1척尺이나 되는 큰 별이 방장실方丈室 후원에 떨어지는 징후가 있었다. 다음 날 을유일乙酉日 새벽 일찍이 일어나 목욕沐浴하고 단정히 앉아 대중大衆에 이르기를 내가 오늘 떠나려 하는데 혹시 중일重日이 아닌지? 하고 물었다. 시자侍者가 대답하되 중일重日은 아닙니다. 그러면 좋다 하고, 대중으로 하여금 법고法鼓를 치게 하고 스님께서는 선법당善法堂 앞에 이르러 선상禪床에 걸터앉아 인보印寶를 봉함하여 장선별감掌選別監 김성고金成固에게 명命하여 다시 거듭 봉필封畢하고 "천사天使가 오거든 노승老僧의 말후사末後事를 알리라" 하였다. 어떤 스님이 국존國尊의 앞에 나타나 묻기를 "석존釋尊께서는 학림鶴林에서 열반에 드셨고, 화상和尙은 인령麟嶺에서 입적入寂하시니 그 상거相去가 얼마나 되는지 알 수 없나이다." 하니 스님께서 주장자를 잡고 한 번 내리치고 이르되, "상거相去가 얼마냐?"고 반문하였다. 나외여 이르되, "그렇다면 금今과 고古가 마땅히 변천함이 없어 분명分明하게 목전目前에 있나이다."하니 스님께서 또 주장자柱杖子를 잡고 한 번 내리치고 이르되, "분명히 목전目前에 있다."라고 하였다. 나외여 이르되, "뿔을 세 개 가진 기린麒麟이 바다에 들어가고, 공여空餘에 달린 조각달이 물속에서 나오다." 하니, 스님께서 이르되 "훗날 다시 돌아오면 상인上人과 더불어 거듭 한 바탕 놀자."고 하였다.

또 어떤 스님이 묻기를 "화상和尙께서 백년후百年後에 구하는 바가 무엇입니까?" 하니 스님께서 이르되 "다만 일상생활日常生活 이것 뿐이라."고 했다. 나외여 이르되 "군왕君王과 더불어 일개一箇 무봉탑無縫塔을 조성하더라도 무방無妨하겠습니다." 하니 스님께서 이르기를 "어느 곳으로 왔다 갔다 하는가?" 하였다. 나외여 이르되, "법法을 묻고자 하기 위해서입니다." 하니 스님께서 이르시길 "이 일은 모두 아는 사실이니 더 이상 묻지 말라."

하였다. 또 어떤 스님이 화상和尙에게 묻기를 "스님은 세상世上에 살아 있는 것이 마치 세상世上에 없는 것과 같으며, 몸을 보되 또한 몸이 없는 것과 같으니 더 오래도록 세상에 살아 계시면서 대법륜大法輪을 전하는 것이 좋지 않겠습니까?"하니, 스님께서 이르되, "이 세상에 있거나, 저 세상에 있거나 가는 곳마다 불사佛事를 하고 있느니라." 하였다. 이와 같이 문답問答이 끝난 다음 스님께서 모든 선덕禪德에게 이르시되, "날마다 공부하는 경지境地를 보고하라. 가려운 통양지痛痒之[有念]와 가렵지 않은 불통양지不痛痒之[無念]가 모호하여 구분이 되지 않는다." 하고는 주장자柱杖子를 들어 한번 내리치고 이르되, "이것이 곧 통양痛痒이라." 하고 또 한 번 내리치고 이르되, "이것은 불통저不痛底라."하며 세 번째 내리치고는 "이것은 통지痛之냐? 불통지不痛之냐? 시험삼아 자세히 살펴보라." 하고는 법상에서 내려와 방장실方丈室로 돌아가서 조그마한 선상禪床에 앉아서 담소談笑함이 평소와 같았다. 잠시 후 손으로 금강인金剛印을 맺고 조용히 입저入寂하시니, 오색五色 광명光明이 방장실方丈室 뒤쪽으로 일어났는데, 곧기가 당간幢竿과 같고, 그 단엄하고 욱욱煜煜함은 불꽃과 같으며 화염상火炎上에는 백운白雲이 일산日傘과 같이 덮인 속으로 하늘을 가리키면서 떠나갔다. 때는 가을 늦더위가 기승을 부렸다.

보각국사 비문은 위에서 인용한 비정문碑正文, 그러니까 앞면의 양기陽記 외에, 비음碑陰이라 하여 후면에 음기陰記가 또 있다. 일반적으로 일연의 행장行狀을 말할 때는 거의 전적으로 비정문의 기록에 의존한다. 그러나 비음에도 일연의 행적과 관련된 에피소드가 전하는데 음기 중에 흥미로운 부분이 있어 이를 전재한다. 내용인즉, 일연의 다비茶毘를 마치고 부도탑에 모시려 할 때, 운흥사 인공印公이 꿈꾸었던 일을 돌이키면서 기록한 것이다. 일연의 다비 때 있었던 일을 중국 고사와 비교하여 이야기를 전개하는 과정에서, 일연과의 대화가 "마치 맑은 바람이 오가고 흰 구름이 저절로 나타났다가 없어지는 것과 같다."고 비유되고 있다. 꿈 속 일연과 인공과의 대화는 범상한 선문답이라고 볼 수 있지만, 꿈과 현실을 드나드는 이런 환상적 기술記述 방법은 『삼국유사』 본문에서도 자주 보이고 있음에 관심가지고 읽어볼 만하다고 생각된다.

옛날 광복廣福이라는 스님이 있었는데, 입적하여 다비하려고 영구靈柩를 섶 나무 위에 놓았을 때, 스님이 다시 일어나 유나維那에게 (남행자藍行者로 하여금 남겨 둔 쌀과 돈을 어려운 사람들에게 나누어 주도록 하라고) 당부하였다. 기록에 그렇게 일컬어지고 있으니 어찌 감히 의심할 수 있겠는가?

[일연 스님의] 다비를 마치고 장차 입탑入塔할 무렵, 운흥사 인공이 암자에 있는데 꿈에 일연 스님이 찾아와서 운공이 맞으며 물었다.

"다비하려는데 다시 일어나는 것은 무슨 이치입니까?"

"죽지 아니해서 그렇다."

"그렇다면 불이 능히 태우지 못하는 것입니까?"

"그러하니라."

"그러하다면 내일 탑을 세우는데, 미심未審해도 스님께서 다시 들어가시렵니까?"

"다시 들어갈 것이니라."

"그러시다면 탑이 문득 스님을 죽였다, 살렸다 하는 것입니까?"

(글자 탈락)

"그렇다면 꿈과 탑이 동열[夢同列塔]인 것입니까?"

"같은 것이다."

꿈을 깨어난 인공이 이상하게 여겨서, "다비한 다음 다시 탑을 세우고 곧 탑 속으로 들어간 것이, 마치 맑은 바람이 오가고 흰 구름이 저절로 나타났다가 없어지는 것과 같으니, 그 어찌 지인至人의 경지가 아니겠는가?" 하고, 곧 찬사를 지어 스님을 추경追敬하였다.

일연과 어머니

보각국사 비문에는 '일연의 어머니'에 관해서, 첫 부분에 나오는 태몽 관련 대목을 제외한다면, 단 한 번 언급이 되고 있다. 일연이 국존으로 책봉된 후인 1283년 3월, 노모를 봉양하기 위해 고향으로 내려가고자 청했다는 기사가 바로 그것이다.

그러나 이 대목 외에도 '어머니를 모시기 위해서'라는 명시적 표현은 없지만 일연이 여러 차례 하향하겠다고 말했던 기록이 발견된다. 우선 1264년 원종 5년에 "남쪽으로 돌아가기를 여러 차례 청한 끝에 마침내 영일 오어사吾漁寺로 옮기게 되었다."라는 기사가 있는데, 이 해에 비슬산 인홍사仁弘寺에 주석하게 되고 1274년 인홍사와 비슬산 동쪽 기슭의 용천사湧泉寺를 중창하고는 1277년 왕명에 따라 다시 청도의 운문산雲門山 운문사雲門寺로 옮겨가서 그 곳에서 1281년까지 주석하게 된다.

이렇게 1264년에 하향한 일연은 1281년까지 17년 동안을 고향 경산에 가까운 곳에 있게 된 것인데 학자들은 이 기간 동안 일연이 노모를 봉양했던 것으로 보고 있다. 일연이 어머니를 모시게 되는 이 무렵 일연의 나이는 60대 후반에서 70년대 초반에 이르렀고 그 어머니의 나이는 구순에 접어든 것으로 짐작할 수 있다. 구순 노모를 모시는 칠순의 아들. 이렇게 노년에 들어서 어머니를 모실 수 있게 되기까지 일연은 늘 멀리에서 어머니를 걱정할 수밖에 없었다. 그러다가 1281년에 충렬왕의 부름으로 다시 개경으로 올라가게 되고 국존으로 책봉된 1283년 다시 노모의 봉양을 위해 대궐에서 물러나 고향으로 돌아왔는데 그 이듬해인 1284년 노모가 세상을 떠난 것이다.

늘그막, 삶의 저물녘에야 어머니를 모시게 된 일연. 그래서인지 일연의 사모곡은 매우 애틋한 바가 있다. 우리는 『삼국유사』의 곳곳에서 그런 애틋함을 느낄 수 있다. 우선 『삼국유사』의 마지막 편목인 「효선」편에서 일연의 효심을 읽을 수 있다. '진정사 효선 쌍미' 라는 「효선」편 첫 글에서 효도와 선행을 아우르는 주인공 진정이 일연과 흡사하다는 인상을 강하게 받는다. 이 밖에 어머니의 밥을 앗아먹는 아들을 묻으려 했다는 〈손순매아〉조나 어머니를 공양하기 위해 몸을 파는 〈빈녀양모〉조도 일연으로서는 그냥 넘길 수 없던 일이었음을 우리는 짐작할 수 있다.

여기에서 일연은 한 걸음 더 나아간다. 이렇게 인간사에서 벌어지는 효성에만 관심 두는 것이 아니라, 새끼를 감싸는 짐승들의 모성애까지도 그려내고 있는 것이다. 「신주」편 〈혜통항룡〉조에 나오는 수달 이야기나, 「탑상」편 〈영취사〉조에 나오는 꿩의 얘기와 마주치게 되면 우리는 그 절절한 모성애에 잠시 책장을 덮고 가슴에 차오르는 감동을 가라앉히지 않을 수 없게 된다. 일연의 이러한 효 관념과 관련한 글로는 다시 민영규의 '일연과 진존숙' 을 꼽지 않을 수 없다.

일연은 목주睦州 진존숙陳尊宿의 이야기를 좋아했다. 그래서 스스로를 목암睦庵이라 불렀다는 짤막한 소식이 인각사 비문에 보인다. '모목주진존숙지풍, 자호목암慕睦州陳尊宿之風, 自號睦庵'이 그것이다.

목주는 지금 절강성浙江省 건덕현建德縣의 옛 이름, 진존숙의 출신지를 가리킨다. 진작 황벽黃檗의 수좌이자 동문제자 임제臨濟를 친 아우처럼 돌보았다는 것이며, 그를 따라 원근에서 모여든 승도들만도 한때 백수百數가 넘었다는 것인즉, 진존숙의 성명盛名은 그의 스승 황벽의 재세 당시부터 널리 알려졌던 것으로 보이지만, 언제 어떻게 해서 고향땅 목주 개원사開元寺로 자리를 옮기게 되었던지 자세한 것을 알지 못한다. 다만 고향땅 목주엔 늙으신 어머님이 계셨다. 개원사 주승主僧으로 있으면서 깊은 밤이면 부지런히 왕골 짚신을 삼아 양곡으로 바꾸어 어머니를 봉양했다. 어머니가 돌아가신 뒤로도 진존숙은 짚신 삼기를 멈추지 않았다. 그리고 새벽녘에 한 묶음 짚신 꾸러미를 남몰래 지고 나가 큰길 가 나뭇가지에 걸어두어 이름 모를 길손들을 도왔다. 조당집祖堂集, 경덕록景德錄, 계고략稽古略 등엔 준엄하기를 마치 가을 하늘 서릿발 같은 경구警句들을 많이 담고 있지만, 오직 진존숙, 진포혜陳浦鞋로 전할 뿐, 이름을 남기지 않고 있다. '포혜' 란 왕골 짚신을 가리키고, 이름이 아니다. 고매했던 그의 정신의 일면을 보여 주는 것이기도 하다.

일연은 아홉 살 때 고향땅 압량 마을을 떠났다. 고향엔 어머니가 계셨다. 이 어머니는 구십이 넘도록 고독한 여생을 고향 땅에서 보내야 했다. 『삼국유사』엔 이렇게 가난하게 살다 간, 고독한 어머니의 초상이 자주 그려져 나온다. 아들 장춘長春을 바다 멀리 보내고, 그 아들을 그리는 우금리 여인 보개寶開 이야기, 분황사 천수천안 대비상大悲像 전에 눈먼 딸자식을 안고 나아가 섧게 우는 한기리 여인 희명希明 이야기. 한겨울 눈이 깊은 밤, 천엄사

담 밑에 웅크리고 오들오들 떨고만 있던 어떤 걸인 산모 이야기. 역시 분황사 동리, 이름 모를 눈먼 모녀 이야기. 그리고 이러한 이야기는 동래부 영취사 연기緣起에서처럼, 까투리와 매의 미물의 세계로까지 번져 간다.

의상대사 십대제자의 하나로 오르기까지, 진정사 모자母子 이야기는 마냥 섧기만 하다. 늙으신 어머니 한 분을 모시는 것이었지만, 날품팔이 머슴살이로 그날그날 끼니를 잇기가 어렵다. 어머니는 쌀독에 남은 알곡을 모조리 털어 주먹밥 일곱 덩어리를 만들어 주며, 싫다는 아들의 갈 길을 재촉한다. 사흘 낮 사흘 밤을 달려서 의상 회하會下 부석사 중이 된지 3년 만에 그 어머니가 죽었다. 공부가 무엇이 그리 중하기에, 어머님 홀로 두고 내사 떠나지 못하오 울부짖는 아들을 호령호령 밀쳐 보내던 이 모진 마음의 어머니. 이 소식이 알려 오자, 법당 마루바닥에 이마를 찧으며 칠일칠야 결가부좌 한 채, 마음을 가누지 못해 안간힘을 쓰던, 시련의 그 아들.

이렇게 〈진정사〉조를 적어 내려가면서 일연은 어쩌면 그 스스로의 모습을 여기에 겹쳐 놓고 있었을지 모른다. 일연이 77세 되던 해, 임오년 시월, 개성 서울로 불려가, 국존國尊의 자리에 오르고, 금란가사를 한 어깨에 걸치는 몸이 되었건만, 일연에게 있어 한갓 그것은 곤욕이었을 뿐, 다음해 계미년, 그러니까 왕경에 머문 지 꼭 10달 만에 일연은 도망쳐 나오듯 운문산 운문사로 되돌아갔다. 산문 아래 가까운 곳으로 어머니를 모셨다. 이듬해 그 어머니가 죽는다. 96세였다. 이때 일연의 나이 79세였다.

일연은 목주 진존숙을 사모했다. 진존숙은 당대 고승으로서의 성명盛名도 아랑곳없이, 이름 모를 길손들을 위하여 깊은 밤을 짚신 삼기로 지새우고 있었다.

—민영규, 「일연과 진존숙」, 「학림」 5집, 1983

일연의 인연사찰

　보각국사 비문에 따르면 일연은 나이 9세였던 1214년(고종 1)에 해양(지금의 광주光州)의 무량사에 의탁하였으며 14세였던 1219년에 설악산 진전사에서 구족계를 받고 출가했다고 한다. 이러한 통설에 대해, 해양 무량사를 지금의 광주로 보지 않고 지금의 경북 해안지역이라고 보는 설도 있는가 하면, 일연이 구족계를 받고 출가한 곳이 설악산 진전사가 아니라, 일연이 '진전대웅'에게서 구족계를 받았다고 보는 견해도 있다.

　그 이후 일연에 관해서는 뚜렷하게 드러난 행적이 없다가 22세 때인 1227년 선불장에 나가 상상과로 급제하고, 포산(비슬산) 보당암에 머물면서 마음을 선관禪觀에 두었다고 되어 있다. 일연의 나이 26세 되는 1231년, 몽고군의 1차 침입이 시작되면서 고려는 약탈과 살육으로 많은 피해를 입게 되어, 고려 조정은 굴욕적 화친을 맺고 몽고의 관리인 다루가치 72명이 전국 12곳에 배치되기에 이른다.

그 이듬해 몽고군의 2차 침입이 있자 최씨 무인정권은 강화도로 천도하고 본토에서는 승려 김윤후가 살례탑을 살해하는 등 분전했지만 몽고군은 약탈, 방화로 전국토를 휩쓸며 유린한다.

이 무렵 일연은 계속 비슬산에 머물렀던 것으로 보이는데 1236년 가을에는 몽고군의 3차 침입을 당하게 된다. 비슬산에 있던 일연은 거처를 옮기고자 하여 문수 5자주를 염하면서 감응이 있기를 기다렸더니 문득 벽 사이에서 문수보살이 현신하여 "무주에 있다가 명년 여름에 다시 이 산의 묘문암에 거하라"고 했던 일은 보각국사비에 자세하다.

일연이 44세 되던 1249년에는 상국相國 정안鄭晏의 초청으로 남해 정림사定林寺에 주석하게 되었다. 당시 고려에는 1232년 몽고군의 2차 침입 때에 팔공산 부인사符仁寺에 있던 초조初彫대장경이 소실됨에 따라 1236년 대장도감을 설치하여 재조再彫 대장경 제작에 착수했는데 당시 정림사가 자리했던 남해에 대장도감 분사가 설치되었던 것으로 미루어 일연은 재조대장경 제작에 참여했던 것으로 추정된다. 재조대장경이 완성된 1251년 이후 일연이 길상암에서 '중편 조동오위'를 편찬하여 1260년 간행하게 되고 1261년에는 원종의 명으로 당시 고려 조정이 자리하고 있던 강화도로 불려가서 선월사에 주석하게 된다. 이어 1264년 일연은 원종에게 남쪽으로 돌아가기를 청하여 영일 오어사에 주석하였다가 곧 비슬산 인홍사로 옮기게 되는 것이다.

1274년 충렬왕이 즉위하는데 충렬왕은 일연을 총애하여 1277년 일연을 청도 운문사로 옮겨 주석케 한다. 1281년 몽고가 고려군을 강제 동원하여 일본정벌을 할 때 경주로 내려온 충렬왕은 경주 행재소로 일연을 불러 친견하기도 했다. 그 이듬해 충렬왕은 일연을 개경으로 불러올려 광명사에 주석케 하여 틈나는 대로 대전大殿으로 청하여 선禪을 설하게 했다.

일연은 국존이 되고서도 어머니의 노령을 들어 구산舊山으로 돌아가기를 간절히 청했는데 충렬왕은 거듭 그 허락을 하지 않다가 마침내 윤허하였다. 이때 일연의 어머니가 있었던 구산舊山에 관해서는 군위 인각사라는 설이 있는가 하면, 고향인 경산 또는, 국존으로 책봉되기 전에 주석하던 운문사라는 설이 있다. 아무튼 일연은 구산으로 내려가 다시 모친을 모셨고, 그 이듬해 어머니가 96세로 수를 마치게 되었다. 이 해에 조정에서 인각사를 복안의 땅으로 삼아 절을 수리하도록 하고 땅 1백 경을 절에 넣어 일연이 주석하는 데에 불편이 없도록 하였다.

그 이듬해 1289년 6월에 일연은 병이 있어 7월 7일 왕에게 올리는 글을 쓰고, 아울러 상국 염공에게도 서한을 부쳐 길이 감을 고하게 된다.

이렇게 행장을 살펴볼 때 일연의 자취가 확실히 남아 있는 사찰들로는 영일 오어사, 비슬산 인홍사, 용천사, 운문산 운문사, 군위 인각사 정도를 일연과 비교적 인연이 깊었던 곳으로 꼽을 수 있을 것이다. 이 밖에 남해 정림사, 강화도 선월사, 개경 광명사 등에도 일연의 족적이 미친 것으로 기록에 나와 있으나 아직은 그 정확한 위치 등이 파악되지 않고 있는 실정이다.

후기, 참고문헌

후기

　책을 엮다보니, 다른 분들이 쓴 글을 인용한다는 것이 새삼 조심스럽고 어렵다는 것을 느꼈다. 이 조심스럽고 어려운 일을 허락해 주신 여러분들께 감사드리고자 한다.

　이 책에 사용된 『삼국유사』 본문 기사들은 해방 직후 사서연역회史書衍譯會에서 번역한 『삼국유사』(1946년)의 것을 인용했다. 사서연역회본은 찬시讚詩가 번역되지 않았다는 흠이 있으나 최초의 우리말 번역본으로 꼽히고 있다. 이 번역은 홍기문(1903~1992), 김춘동(1906~1982), 이원조(1906~1955), 신응식(필명 신석초, 1909~1976), 이가원(1917~2000) 등 쟁쟁한 학자, 문필가들의 공동 번역으로, 옛 글투가 낯설기도 하지만 그 글투에서 우리 한글이 변모한 자취를 느낄 수도 있어 60여년 전의 우리 글살이를 짐작해가며 읽어보는 것도 또한 색다른 맛이 있으리라 생각한다.

『삼국유사』 본문 다음으로 길게 인용된 것이 보각국사 비문이다. 이 비문은 일연 스님의 생애를 연구하는데 필수적인 자료이기에 전문을 본문에 인용했다. 우리말 번역은 지관 스님의 『교감역주 역대고승비문 고려편4』의 것을 사용했다. 지관 스님은 글의 인용 허락을 구하는 편저자에게, 글을 사용하는 데에 착오가 없기를 당부했고, 편저자가 비문 중의 두어 군데 번역이 의심나는 대목을 물었을 때에도 친절하게 설명하면서, 편저자의 오기誤記도 고쳐 주었다. 이 자리를 빌어 감사드린다.

고 이기백 교수의 글도 여러 편 인용되었다. 20여 년 전 편저자가 대우재단에 근무할 적에 이기백 교수가 대우재단의 지원으로 『삼국유사론』을 집필하고 있었는데, 지병으로 진척되지 않자 집필을 포기하려는 뜻을 밝힌 적 있었다. 그 일로 이기백 교수를 몇 번 찾아간 적이 있었는데 결국 집필을 마치지 못하고 타계하여, 이기백 교수 생전인 2003년에 '삼국유사'와 '고려사 병지兵志' 관련 글들을 모아서 펴낸 『한국고전 연구 12』에 실린 글들을 인용하게 되었다.

일연의 시대, 일연과 어머니에 관해서는 빠뜨릴 수 없는 글이 고 민영규 교수의 글 '일연과 진존숙'이다. 이 글을 두 단락으로 나누어 인용함에 있어, 민영규 교수의 제자로 의발衣鉢을 받았다고 할 수 있는 조흥윤 교수에게 허락을 구하여 인용할 수 있었다. 감사드린다.

솔출판사에서 『삼국유사』 번역을 펴낸 이재호 선생은, 〈교수신문〉에 기고한 '삼국유사 번역에서 드러난 오역의 심각성'이라는 기사를 편저자가 인용하는 과정에서 틀린 곳을 지적해 주면서 글 인용에 치밀해 주기를 당부했다. 조심했지만 혹시 실수는 없었는지 걱정이 앞선다.

이 밖에도 많은 필자분들이 흔쾌히 인용을 허락해 주신 데에 감사드
린다. 필자분들의 이름이 인용문 말미에 일일이 표기되었기에 이곳에
다시 열거하는 번거로움을 피한다. 필자분들께는 편저자가 직접 연락하
여 인용을 허락받는 것을 원칙으로 삼았으나 더러는 출판사를 통해 인
용을 허락받은 경우도 있음을 밝혀둔다.

김택규, 류탁일, 이기백, 장덕순, 최남선, 최철 등 작고한 필자분들의
글에 대해서는 그 분들의 글이 실린 책을 펴낸 출판사로부터 인용을 허
락받았다. 경희대 민속학연구소, 일조각, 새문사, 한국학중앙연구원 출
판부, 영남대 출판부, 서울대 출판부, 교수신문에 감사드린다.

참고 문헌

본문 중에 인용된 글들의 출처를 밝혀 두었지만 참고삼아 다시 한번 그 목록을 각 장별로 묶어 인용되었던 순서대로 열거하였다.

서울대학교 편, 『권장도서 해제집』, 2005

이재호, 「『삼국유사』 번역에서 드러난 오역의 심각성」, 교수신문, 2003년 10월 19일자

최남선, 『증보 삼국유사』, 민중서관, 1975

최철, 「삼국유사의 문학적 가치해명」, 『한국문화연구』 제4집, 2001

정진홍, 『고전, 끝나지 않는 울림』, 강, 2003

조선과학원 고전연구실편 리상호 역, 『삼국유사』, 과학원출판사, 1960

지관, 「교감역주 군위 인각사 보각국존 정조탑 비문」, 『교감역주 역대고승비문 고려편4』, 가산문화연구원, 1994~2004

민영규, 「일연과 진존숙」, 『학림』 5집, 1983

김태영, 「삼국유사에 보이는 일연의 역사의식에 대하여」, 『경희사학 5』, 1974

김상현, 「삼국유사의 서지학적 고찰」, 『삼국유사의 종합적 검토』, 한국정신문
    화연구원, 1996

천혜봉, 「삼국유사 판각의 시기와 장소」, 『삼국유사 연구』 창간호, 일연학연구
    원, 2005

류탁일, 「삼국유사 문헌변화 양상과 변인」, 『삼국유사 연구 상』, 영남대 출판부,
    1983

이기백, 「삼국유사론의 구상」, 『이기백 한국사학논집12』, 일조각, 2005

황패강, 「신라불교사상의 형성과 전개」, 『동양학학술강연회초』, 1979

하정현, 「삼국유사 테스트에 반영된 '神異' 개념에 관한 연구」, 서울대 바사하
    위논문, 2003

조수학, 「'문무왕 법민' 조의 거시조 연구」, 『삼국유사 연구 상』, 영남대 출판부,
    1983

이기백, 「삼국유사 탑상편의 의의」, 『이기백 한국사학논집12』, 일조각, 2005

이기백, 「신라불교에서의 효관념」, 『이기백 한국사학논집12』, 일조각, 2005

최남선, 「단군 급 기연구」, 이기백 편, 『단군신화논집』, 새문사, 1988

김열규, 「가락국기의 신화적 탐색」, 인제대 『인문연구논집』 제5집

미륵사 전시관, 「미륵사지 발굴조사의 의의」, http://www.mireuksaji.org/
    mireuksaji

황수영, 「삼국유사와 불교미술」, 『삼국유사의 신연구』, 서경문화사, 1980

문명대, 「삼국유사 탑상편과 일연의 불교미술사관」, 『미술사학 II』, 민음사,
    1990

장덕순, 「삼국유사의 설화문학적 가치」, 『삼국유사의 문예적 연구』, 새문사,
    1982

김태준, 『조선소설사』, 학예사, 1940

김택규, 「삼국유사의 민속체계」, 『삼국유사의 종합적 검토』, 한국정신문화연구
    원, 1996

이기백, 「삼국유사 기록의 신빙성 문제」, 『이기백 한국사학논집12』, 일조각,
    2005

김기흥, 「도화녀 비형랑조의 역사적 진실」, 『한국사론』 41·42합집, 1999

삼 | 국 | 유 | 사 | 그 | 다 | 양 | 한 | 스 | 펙 | 트 | 럼

초판 1쇄 인쇄 2007년 10월 30일
초판 1쇄 발행 2007년 11월 7일

편저 | 김대식

펴낸이 | 장세우

펴낸곳 | (주)대원사
주소 | 서울시 용산구 후암동 358-17번지
전화 | 02-757-6711
팩스 | 02-775-8043
등록번호 | 등록 제3-191호
홈페이지 | www.daewonsa.co.kr

ⓒ 김대식, 2007

ISBN 978-89-369-0792-1 03900

잘못 만들어진 책은 바꾸어드립니다.